経済安全保障の深層

ECONOMIC SECURITY

課題克服の12の論点

Katsuya Tamai　Nobukatsu Kanehara
玉井克哉・兼原信克
編著

日本経済新聞出版

はじめに

米中大国間競争時代が幕を開けた。冷戦終了後、自由主義社会が地球的規模に広がり、マーケットの力が地球の隅々にまで及び、世界経済は一つになって平和と繁栄が訪れるという神話が崩れた。「世界経済はマーケットの力に任せよ」という新自由主義の思想は急速に色あせていった。

マーケットが機能する前提は、主権国家間の権力関係の安定と国際秩序に対する信頼である。この地政学的な安定があって初めて、世界大の市場経済が機能する。言い換えれば、安全保障という花壇のなかに、経済的繁栄という大輪の花が咲くのである。

米中大国間競争は、中国の劇的な台頭の故に、世界秩序全体を揺らすマグニチュードを持つ。ソ連邦の崩壊と東欧共産圏の崩壊により、米欧の帝国主義国家による支配をイデオロギーと武力革命で倒そうという急進的な思想は力を失った。多くの国が、市場経済と自由貿易を利用して、先進技術を取り込み、直接投資を呼び込み、工業化を進め、巨大な先進国のマーケットに自国の廉価な製品を売り込んで成長したいと考えている。未だ保護主義的な色彩が強いが、彼らの望みは、自由主義世界を多極化させ、その雄となることなのである。

その先頭を走るのが中国であった。ところが、中国は反転した。巨大化した中国経済は、中国を自信過剰にした。西側の自由思想は、共産主義独裁を脅かす思想として排斥し始めた。中国企業でさえ、巨大化すれば、共産党支配を脅かすものとして掣肘される。現在の中国指導部は、国際的視野が狭く、イデオロギー的には復古的である。習近平主席の指導の下で、中国は独自の勢力圏の構築を夢想し始めている。

今の中国は、理念の帝国として20世紀後半の国際秩序を率いてきた米国を強く刺激する。21世紀前半の国際政治を彩るものは、自由主義世界を主宰する米国と、独自の勢力圏を復活させようとする中国の覇権争いである。

そのただなかに台湾問題がある。中国と台湾の共存と現状維持を政策とする日米同盟と、台湾の併合を国家的課題とする中国が武力衝突しないのは、日米同盟の力が圧倒的だったからである。しかし、その前提が崩れつつある。

米国は、中国との長い対峙に備えて、あるいは、台湾有事に備えて、自由貿易のルールに変更を加え始めた。安全と安定がなければ、そもそも世界市場経済も自由貿易も機能しないからである。最先端半導体の対中輸出規制はその典型である。

それは公正な貿易を恣意的にゆがめる中国への対抗策でもある。中国にとって対米関係は競争ではない。マルクスの言う闘争である。また、中国にとって自由貿易は、中国が利用するだけのシステムである。貿易における相互依存関係は、いざとなれば中国によって容易に武器化される。例えば、重要鉱物資源の供給を寡占、独占し、自らの意向に反する国には、突如、供給を断絶したりする。サプライチェーンの強靭化は、西側諸国が直面する深刻な課題である。

日本政府は、第二次安倍政権による外為法改正と対内投資規制強化、菅政権による土地等利用規制法の制定、岸田政権による経済安全保障推進法制定と、足早に各種対策を打ち出してきた。

しかし、依然として問題は山積している。経済安全保障の問題は、現在、政府が取り組んでいる諸問題に限られるわけではない。視線を上げて欧米諸国の取り組みを見れば、まだまだ日本が登らねばならない峰々が聳えている。日本の経済安全保障は、まだ端緒についたばかりなのである。

例えば、中国はサイバー空間、ヒューミント（スパイ活動）を通じて情報を窃取する。それにどう対応するかは、喫緊の課題である。

また、戦後日本では、マッカーサー元帥率いるＧＨＱ（連合国最高司令官総司令部）の指導の下、また独立後はソ連の影響力浸透工作を受けて、非現実的な非武装の理想が語られ、学術界は大きく左傾化し、産業界は軍事関連の仕事を忌避し、科学技術政策、産業技術政策と安全保障政策がほぼ完全に断絶されてきた。

そのツケは大きい。これから日本の技術を再編させるためには、特に、これまで安全保障目的でまったく活用されず、ほとんど政府資金がつぎ込まれることのなかった民間企業の民生技術のエンジニアや研究者を安全保障目的のためにどう活用するかを真剣に考えなくてはならない。マーケットの無い最先端安全保障技術分野でこそ、国家は巨額の支援を行うべきである。宇宙、サイバーといった最先端分野においては、なおさらそうである。

そうしてこそ、産業空洞化に悩む日本に、新しい産業分野が開かれる。青息吐息の防衛産業の再活性化も待ったなしである。防衛産業を復活させ、体力を回復させねばならない。短時日でアジア随一の武器輸出国に変貌し、ウクライナに武器支援している韓国のように、同盟国、同志国、友好国、侵略の犠牲国には、武器を輸出できるようにする必要がある。

玉井克哉東京大学教授を座長とする「技術安全保障研究会」［於（一財）安全保障貿易情報センター（ＣＩＳＴＥＣ）］では、２０１７年11月から、日本の経済安全保障に関する課題を総点検するべく議論を重ねてきた。同研究会は、２０１８年に一度、２０２０年に一度、２０２３年には二度、積極的に提言を重ねている。本書は、その6年に及ぶ研究会の議論の成果を集大成して世に問うものである。

本研究会には、有識者の方々はもとより、防衛省、防衛装備庁、経済産業省、警察庁、公安調査庁、さらに、防衛産業、商社と非常に幅広い背景の専門家が参加しており、軍事、宇宙、技術流出規制、防衛産業育成、武器輸出、秘密特許、学術界との関係、サイバー、インテリジェンス、米国の動向など、可能な限り多角的に経済安全保障問題の全貌を捉えようと試みた。経済安全保障に関して関心が高まっている今日、本書が多くの心ある方々に読まれることを祈念してやまない。

本書の上梓に当たっては、日経ＢＰの堀口祐介氏に大変お世話になった。同氏の協力なくして本書が世に出ることはなかった。この場を借りて、厚く御礼申し上げたい。

２０２３年10月

元国家安全保障局次長　兼原 信克

経済安全保障の深層　目次

第4章　最先端の科学技術研究をどう進めるか

玉井克哉

第5章 技術流出の防止——産業面での秘密保護法制

玉井克哉

第6章 兵器の開発と技術の発展

西 正典

第7章　防衛技術研究開発戦略はどう転換すべきか

渡辺秀明

第8章　防衛産業の再生なくして防衛力の強化なし

荒井寿光

第9章　日本の武器輸出政策の戦略課題

長瀬正人

第10章 安全保障における宇宙利用

西山淳一

第1章

経済安全保障を論じる視座

兼原信克
同志社大学特別客員教授

Point

- 米中大国間競争時代が幕を開けた。グローバルな自由貿易体制が、地政学的なリスクにさらされ始めた。現代の戦場で勝敗を分けるのは情報処理能力であり、その根幹は先端半導体である。米国は、先端半導体を準「禁制品」化して、中国には渡さないという政策に転じている。
- 中国は、自由貿易を国際社会の利益とは考えていない。自国の発展のために利己的に利用しているだけである。したがって、貿易における相互依存関係を容易に武器化する。半導体、レアアースをはじめとして、中国が戦略的に独占、寡占を行っている物資に関して、サプライチェーンの強靭化を図るべく、脱中国の動きが進んでいる。
- 戦後日本は、ＧＨＱによって、科学技術政策から軍事的側面を完全に剝ぎ取られ、また、冷戦初期にはソ連（ロシア）のイデオロギー的な影響によって、学術界が大きく左傾化した。日本は、科学技術こそ国家安全保障の根幹であるという考え方を再度確立する必要がある。

1　米中大国間競争とサプライチェーン強靭化への国際的潮流

①米中大国間競争の始まり

21世紀に入り、中国が急速に国力を伸ばし、西側諸国が戦後築いてきた自由主義社会に対して挑戦的な態度を取るようになった。習近平主席は、李克強元首相、故春華元副首相など、国際的視野の広い中国共産主義青年団のエリート集団を完全に排除し、李強首相等、抜擢した子飼いの地方幹部や王滬寧のようなイエスマンで政治局常務委員（チャイナセブン）を固めてしまった。

個人独裁の色彩の濃い習近平は、西側の奉じる普遍的価値観を正面から否定して、復古主義的、教条主義的思想統制を強化し、同時に、対外的には伸張する国力を背景とした一方的な現状変更政策を取るようになった。また、共産党独裁にこだわる習近平には、自由主義社会では当然とされるマーケットと国家のバランスという感覚がない。私的自治に対する尊重もない。巨大化した企業は掣肘を受ける。

急激な国力伸長は、等身大の自分の姿を見失わせる。視野の広い一部のエリートを除いて、日本の4倍のＧＤＰを抱え、米国の背中がはっきりと見えるようになった中国国民には、「中国は再び偉大になった」との実感が漂う。今の若い中国人は毛沢東時代の赤貧は想像さえできないであろう。膨れ上がる自信は、19世紀以来、ロシア、英国、フランス、ドイツ、日本に足蹴にされ、蹂躙されてきた屈辱を雪《すす》ぎたいという幾分復讐主義的な国民感情と交錯する。

日本は、米国に対して、中国の変貌について警鐘を鳴らしたが、オバマ政権の動きは鈍かった。トランプ政権に入って、ようやく中国の急激な経済的伸長と大軍拡が目に入るようになり、米国の対中警戒心が急速に強くなり始めた。

２０２０年7月27日、ポンペオ米国務長官は、カリフォルニア州のニクソン大統領記念図書館で「共産主義の中国と自由世界の未来」と題した演説を行い、米国の対中戦略の転換を世界に印象づけた。この演説は２０１９年10月24日のペンス米副大統領のウィルソン・センター演説と軌を一にするものであり、トランプ大統領のホワイトハウスで米中大国間競争時代に備えて、米国の対中戦略が大きく転換していることを世界に示したものであった。

トランプ大統領の後を襲ったバイデン大統領は、２０２２年2月のロシアのプーチン大統領のウクライナ侵攻を機に西側勢力の再結集に成功した。同時に、バイデン大統領は、ウクライナ戦争後を見据えて、米国に対峙し始めた中国に対する戦略を打ち出し始めた。

特に、人民解放軍の大軍拡を前に、習近平が執念を見せる台湾の武力併合が現実のリスクとなり始めたことに、バイデン政権は機敏に反応している。２０２２年春、相次いでワシントンを訪問した菅義偉首相、文在寅《ムンジェイン》韓国大統領との共同声明には、米国の中国の顔を潰さないための「曖昧政策」（台湾海峡有事に対する米国の態度を曖昧にしておくこと）ではなく、台湾海峡の現状維持こそが真の政策であるという考え方が色濃くにじみ出ている。日米同盟にとっては、１９６

9年の佐藤・ニクソン首脳会談以来の台湾問題への回帰であった。

②激変する現代の戦場

米中大国間競争が佳境に入るにつれて、通商問題、産業保護問題であった対中貿易問題が、戦略的問題の色彩を濃くしていく。特に、それが強く出たのが半導体である。産業革命以来、人類は破壊力を著しく向上させてきたが、それは核兵器の登場でピークを迎えた。現在の戦場で勝敗を決するのは、情報処理能力である。敵がスローモーションに見えるほど、分散し、高速で、精密に動く方が勝つ。無人兵器が尊重される所以である。それが今日の戦場である。

日本は、敗戦後、最先端軍事技術の枠である核兵器、宇宙戦、そしてサイバー戦において完全に出遅れた。2018年の国家安全保障戦略および防衛大綱によって、宇宙、サイバー、電磁波の新領域の重要性が謳われ、2022年の国家安全保障戦略、国家防衛戦略によって、ようやく宇宙防衛隊、サイバー防衛隊が本格的に立ち上がりつつあるところである。

世界の戦場の様相は、激変している。宇宙空間から衛星によって、サイバー空間から、あるいは、空中、海上、地上の各種のセンサーから集められた膨大な量の情報が、一瞬にして整理されて攻撃目標が定まる。敵方の情報だけではない。味方の各種軍事アセットや部隊の位置、味方の持っている兵器の射程や破壊力、兵站準備に関する情報が、一瞬で一枚のスクリーンの上で提供される。人間が処理すれば数億年かかるデータ処理を、最先端半導体を駆使した先進コンピューティングによって一瞬でこなす。GPS衛星によって夜間の移動も自由自在である。

米軍の情報処理能力を見せつけたのが第一次湾岸戦争である。米軍は1990年のイラクのサダム・フセインによるクウェート侵攻の際に、宇宙アセットと先進コンピューティングを使ってイラク軍を一蹴し、世界を驚かせた。ロシア軍や中国軍はさぞ心胆を寒からしめたことであろう。

2014年、今度はロシアのプーチン大統領が、特殊兵とサイバー攻撃を組み合わせたハイブリッド戦争で、クリミア半島を居合切りのようにして奪い取り、NATO軍を驚愕させた。無策だったオバマ大統領の権威は失墜した。

2020年には、ロシアとトルコとの代理戦争の趣の強いアルメニアとアゼルバイジャン間のナゴルノカラバク戦争が再発した。いつもならロシアの後押しのあるアルメニア軍が優勢なはずだが、今回は、トルコの提供したドローンが、ロシア製の戦車を次々に破壊してアゼルバイジャン軍を勝利に導いた。イナゴの大群のようにして襲ってくるドローンには、第5世代戦闘機による航空優勢も意味がないのである。

2022年のウクライナ戦争では、米国の支援を受けたウクライナ軍がロシアのサイバー攻撃を見事に跳ね返して世界の称賛を得た。AWS（アマゾン・ウェッブ・サービス）は、ウクライナ政府のデータやシステムをバックアップし、イーロン・マスクのスターリンク（通信衛星のコンステレーション）がウクライナ軍の通信を確保した。

③最先端半導体の準「禁制品」化

このような新しい戦争を可能にしているのは、人工知能であり、スパコンを用いた先進コンピューティングである。その土台になっているのが、7ナノメートル以下と言われる最先端半導体である。

バイデン政権は、2022年10月、中国に対して最先端半導体の輸出を禁じる非常に厳しい措置を打ち出した。先端半導体は、その製造装置をファブレスと呼ばれる米国、日本、オランダなどがつくり、それを用いて中国のファーウェイ、韓国のサムソン、SK、台湾のTSMC等のファウンドリーと言われる企業が大規模に受託生産している。つい最近まで、中台韓が世界の半導体の大半をつくっていたのである。しかし、米国は、最先端半導体が中国にわたることを許さないという厳しい方針を打ち出した。

最先端半導体は兵器の性能に直結する。米国は、自国および同盟国からの半導体が、米国人兵士を殺戮する兵器に使用されることは絶対に許容できないと判断したのであろう。戦時には、通商のルールが変更され、特に海戦では、たとえ第三国の中立船舶であっても、交戦国による敵国向けの禁制品（コントラバンド）積載船の拿捕と、禁制品の没収が許される。今日、平時の段階から、最先端半導体は、禁制品の臭いを放ち始めたのである。TSMCのモリス・チャンが述べたと言われるように、最先端半導体に関する限り「自由貿易は死んだ」のである。

今日では、日本やアメリカなどの先進国は、半導体の内製化、あるいは、同盟国・友邦国での製造に向けて大きく舵を切り始めている。日本でも熊本に世界最高水準の半導体製造を誇るTSMCが誘致され、千歳には最先端半導体を製造するラピダスが立ち上がった。戦後日本の産業政策に安全保障政策の視点を初めて持ち込んだ平井裕秀経済産業審議官の英断の結果である。

現在は未だ、半導体のサプライチェーンの強靭化（すなわち内製化）に政策の焦点が当たっているが、将来は、ラピダスの製造する日本製最先端半導体が、例えば次世代の国産極超音速中距離ミサイルに搭載されるなどして、真の安全保障目的のために利用されるところまで進まなければならない。国民の命を守ることが、安全保障産業政策の究極の目的だからである。

④中国による相互依存の武器化

米中大国間競争が熾烈化する過程で、中国は貿易や相互依存の武器化し始めた。世界の多くの国にとって中国は第1位か、そうでなくても高位の貿易相手である。

中国は、欧米日の先進技術をコピーし、廉価でより優秀な製品をつくり、世界市場を席巻した。実際、中国はなりふり構わず国力のすべてを挙げて外国技術の吸収、窃取、模倣に動いた。膨大な数の留学生、「千人計画」で招聘される御雇い外人、優秀な諜報機関、人民解放軍と関係の深い大学や研究機関が、総力を挙げて先進国の技術の習得に突き進んだ。その結果、毛沢東が破壊しつくし、極貧に喘いでいた中国経済は、世界第2位の経済となり、米国の背中を追いかけるまでに急成長した。

しかし、中国の自由貿易に対する姿勢は日本とは異なる。日本は、集中豪雨型輸出の時代を卒業し、今世紀にはTPP、RCEP、日EU・EPAを創設し、自由貿易体制の旗手となった。また、世界有数の投資大国となった。今日の日本は、自由貿易は、日本の良質な製品を売りさばくためのシステムであるだけでなく、地球的規模での資源の最適配分を確保し、直接投資の形で工場と技術を途上国に拡散させ、世界経済を拡大させるためのシステムであり、いわば世界的公共財であると認識している。

しかし、中国はそうではない。中国にとって開放的な世界貿易体制は、中国が発展するために利己的に利用するだけのシステムでしかない。中国の国益が害されると思えば、直ちに報復に出る。やられれば、やりかえす。それは、朝貢制度の下で、中国皇帝の不興を買った国に貿易を拒否するのと同じ感覚であろう。

2009年、尖閣諸島近海で泥酔した中国密漁船の船長が、海上保安庁の巡視船に体当たりしたとき、海上保安庁は直ちに同船長を逮捕したが、中国は、その報復として日本がほとんど供給を中国に依存していたレアアースの対日輸出を途絶させた。多くの国が中国のなりふり構わぬ仕打ちに驚いた。

中国に振り回されたのは日本だけではない。武漢の新型コロナウイルスの発生源を突き止めよと中国に迫った豪州は、ワインの輸出を拒否された。スカボロ礁を奪われて中国を国際海洋法裁判所に提訴したフィリピンは、バナナの輸出を止められた。中国離れが進む台湾はパイナップルの輸出を拒否された。台湾代表部の設置を認めたリトアニアは、対中貿易を全面的に拒否された。これが相互依存の武器化である。

2023年8月、対中半導体規制で米国に追随した日本に対して、中国は、福島原発の処理水の海洋放出に際して、日本の全水産物の輸入を差し止めた。中国自身の原発から出る排水は福島原発よりもはるかに多くのトリチウムを含んでいるし、日本近海に出漁する中国漁師の水揚げする水産物にはお構いなしである。明らかな意趣返しであろう。中国はまた、中国が独占的供給者であるガリウムの輸出を厳しく規制し始めた。ガリウムは窒化ガリウム半導体製造に欠かせない。これもまた報復の一環であろう。

⑤サプライチェーン強化への国際的潮流

多角的開放的自由貿易の前提は、国際関係の安定と、世界各国の自由貿易制度に対する信頼である。中国との貿易関係では、それが容易に揺らぐことに、多くの国が気づき始めた。サプライチェーンの脆弱性を改めて強く認識させたのが、コロナウイルスによる全世界的な工場閉鎖による各種製品供給の途絶である。

2021年、ジョンソン英首相が主宰したコーンウォールG7サミットでは、筆者も参加した「経済強靭性に関するパネル」が設置され、コーンウォール・コンセンサスが採択され、その後、パネルの報告書がジョンソン首相に提出された。その議論の過程では、パンデミック、大地震や津波によるサプライチェーンの混乱だけでなく、地政学的要因にもとづく混乱の危険が鋭く認識されていた。

特に、問題にされたのは中国である。中国は、戦略的に意図を持ってコバルト、リチウム、タングステン、レアアース等の主要鉱物資源の供給面での独占的、寡占的地位を確保しようとしている。実際、先進国が中国以外の第三国に重要鉱物資源の精錬工場をつくろうとすると、中国は突如、市場への供給を増やして国際価格を引き下げ、参入を阻止するなどという報告もあった。

中国は、いつでも重要鉱物資源をめぐる相互依存関係を武器化させ得る。西側諸国は、そう気づかされたのである。

また、先端半導体ではない普通の半導体に関しては、台湾有事などの地政学的要因により、中国および台湾からの半導体供給が途絶し、工業製品に係るサプライチェーンが地球的規模で麻痺するリスクをはらんでいる。このようなリスクをどう回避するか（デリスキング）が、政策的課題として鋭く認識され始めたのである。先進国は、供給源多角化、内製化、備蓄などの施策を真剣に講じ始めた。

2 日本の経済安全保障政策とその特殊性

①機敏に動いた経済産業省と総理官邸

1987年に東芝機械によるココム違反事件で、米国政府から手ひどい批判を受けた経済産業省は、その後、安全保障貿易管理部を立ち上げ、安全保障貿易面で神経を尖らせてきた。

トランプ政権下での米国政府による対中政策の方向転換を見て、最も早く政府部内で警鐘を鳴らしたのは、柳瀬唯夫経済産業審議官であった。経産省は、第二次安倍晋三政権の下で、いち早く機微技術の対中流出規制のための外為法改正に動き、外国企業の株式取得を厳しく監視することにした。合弁会社が規制できないとか、経営権に触らない株式取得が抜け穴になっている等の批判も未だにあるが、後の経済安全保障法制の嚆矢となった法改正である。

続く菅義偉政権では、外国の諜報機関や軍関係者が日本の自衛隊基地、海上保安庁基地等安全保障上重要な拠点周辺の土地を取得することを規制するために土地等利用規制法の制定が行われた。国家安全保障局に経済安全保障専門の部局（経済班）が立ち上がったのも、菅政権下である。

②サプライチェーンの強靭化

岸田文雄政権下では、さらに進んで経済安全保障推進法が制定された。この法律は、４つの新制度を立ち上げた画期的な法律である。

第一に、前述のサプライチェーンの強靭化に関する法律である。国民の生存、生活、経済活動に係る重要な物資が供給途絶しないようにするための制度である。既に実施段階に入っており、政府が指定する特定重要物資の安定供給のために、２０２２年度の補正予算で１兆３００億円を超える予算が組まれている。

半導体内製化については先に述べたが、その他の重要事例を挙げれば、まず、抗菌性物質製剤がある。特に、ベータラクタム系抗菌薬は中国に１００％輸入を依存している。これが途絶すれば、日本の病院で手術ができなくなる恐れがある。

農業に欠かせない肥料についても、その原材料である尿素、リン酸アンモニウム、塩化カリウムなどについて、日本はそのほとんどを海外に依存している。政府は、この他にも蓄電池、永久磁石、レアアース、黒煙、リチウム等の重要鉱物資源、工作機械・産業ロボット、航空機部品、クラウドプログラム、船用機器を特定重要物資に指定している。

なお、サプライチェーンの脱中国化を考える際には、経済合理性だけではなく、安全保障上リスクを回避するデリスキングを合わせ考慮することが必要であるが、それだけではなく、環境破壊、過酷な労働（特に児童労働）、少数民族差別の観点からも問題がないかを勘案することが必要である。

③先端重要技術の開発支援

第二に、先端重要技術の開発支援制度がある。この制度ができたことは画期的である。なぜなら、ここには極めて深刻な特殊日本的な問題が絡んでいるからである。

日本の学会、経済界、さらには経済官庁には、軍事的リテラシーがほとんどない。故岡崎久彦大使が指摘されたように、こんな国は先進国にはない。そのため、これまで先端重要技術を日本国の安全保障に活用しようという発想がなかった。というよりも、それがタブー視されてきた。

(ア)初期占領政策による軍事的能力除去

その原因は歴史的なものである。大日本帝国時代は、すべての技術研究開発は軍事と結びついていた。東大総長になった海軍中将もいた。戦後、マッカーサー元帥は、占領政策初期に、日本の完全非武装化政策を徹底した。軍隊の保持はおろか、重工業の維持にさえ敵対的であった。敗戦直後に起草された完全非武装条項の憲法9条2項がその名残である。

(イ)ソ連（ロシア）の影響と学術界の左傾化

冷戦初期、朝鮮戦争の最中に日本は独立する（1952年）が、米軍の対日占領政策は思想的に極めて寛容であったために、独立直後からソ連（ロシア）のイデオロギー的影響力が日本国内に深く浸透した。その背後には日本の中立化、軍事的弱体化、衛星国家化を狙うソ連の思惑があった。

思想戦、宣伝戦に長けたソ連は、マルクス主義、急進的社会主義の伸長のみならず、日本の戦後の赤心の平和主義、軍民双方で300万の同胞を屠《ほふ》った米軍に対する日本国民の炭火のような怒りを巧妙に利用した。ロシアの利益を代弁した日本社会党の「非武装の理想」が人口に膾炙した。

同時期、日本の学会は著しく左傾化した。東大の南原繁総長は、ソ連の抜けたサンフランシスコ平和条約に反対して、吉田茂首相から「曲学阿世の徒」とまで言われた。一切の軍事研究、軍民共用技術の研究さえも否定され、防衛省、米国防総省には立ち入り禁止の雰囲気が蔓延した。現在でも東京大学に就職しようと思えば、「軍事研究はしません」という念書を取られる。戦国武将の戦術研究さえ忌避されるという異様な知的空間である。

旧帝大系の国立大学は押しなべて似たような雰囲気である。税金で賄われながら、国民と主権を守る国家安全保障政策を敵視し、未来を担う若者から安全保障に関する常識や知識を学ぶ機会を奪ってきた旧帝大系国立大学の責任は重い。

(ウ)「死の谷」を克服できない日本

学術と安全保障の断絶は、日本の科学技術発展の大きな障害となってきた。どこの国でも最先端の研究成果を求める学界と、新しい技術を製品化して利潤を上げようとする経済界の間には、深い断絶がある。マーケットが成熟していない最先端技術は、お蔵入りするのである。これは「死の谷」と呼ばれる各国共通の現象である。

普通の国であれば、ここに安全保障という名の鉄橋がかかる。最先端技術の研究開発それ自体が安全保障政策であるという哲学があるからである。

科学技術省を持たない米国では、最高水準の研究所の多くが国防総省、エネルギー省傘下にある。年間、750億ドルの政府研究開発予算が、国防総省やエネルギー省の研究所に回る。それは政府の研究開発予算の5割である。そこでは一流の研究者が、狭い意味の軍事とは無縁の核融合、バイオ、先進コンピューティング等の最先端技術の研究に勤しむ。

その製品化のためには、DARPA（国防高等研究計画局）が惜しげもなくスタートアップ資金を提供する。そこからアップルやモデルナが生まれた。民間企業の研究開発費の総額は、既に国防総省の研究費に追いつきつつある。そうしてユニコーン化し、巨大化した民間企業が自ら切磋琢磨した技術が、また安全保障の分野に帰ってくる。

軍事用途を目的とした製品化の段階に進むと、軍事産業は、政府が設備投資して準備した政府の設備を借りる形で、製造を開始する（GOCO、government owned, contractor operated)。官民の見事な協力である。

日本では、遅まきながら防衛省が、わずか100億円の予算ながら、安全保障関連技術推進制度を設けて官民協力を進めようとしたが、内閣府の一員である日本学術会議が、大学に対して、政府の方針とは真逆の「防衛省との協力はまかりならん」という通達を出して、安全保障関係者に大きな衝撃を与えた。

(エ)経済安全保障推進法下の新しい試み

現在、経済安全保障推進法の下で、2年間で5000億円の予算が組まれ、ようやく官民協力プロジェクト(「Kプロジェクト」と呼ばれている)が模索されるようになった。しかし、学界の旧態依然たる左傾化した雰囲気が変わるのは容易ではないであろう。

本来であれば、防衛省が、米国防総省のように日本の科学技術政策全体を引っ張っていくのが筋である。しかし、年間4兆円の日本政府の科学技術予算のうち、2022年度までは、数百億円から千数百億円しか防衛省に回っていなかった。トヨタやNTTのような日本を代表する企業からすれば、雀の涙のような開発費であろう。

科学技術政策において、国民と主権を守るという国家の本義を忘れた日本政府は、戦後70年以上、政府主導の安全保障関連技術の開発など、まったくやる気がなかったのである。科学技術こそが安全保障の根幹であるという国際常識がなかったからである。

岸田政権下の経済安全保障推進法の制定と防衛予算のGNP2%までの増額によって、戦後初めて、優秀な防衛技官たちにチャンスが与えられつつある。彼らは、これまでまったく安全保障の観点から活用されてこなかった最高水準の民間の技術者やラボに埋もれている技術の掘り出しや活用に強い関心を有している。防衛省装備庁の予算を大きく拡充して、官民の技術力を結集して、安全保障に活用する時代がようやく訪れようとしている。

(オ)総理主宰の安保技術推進本部と10兆円安保技術推進基金を立ち上げよ

この次の段階としては、総理大臣が主宰して、自衛官、学識者、民間技術者を集めて「安全保障関連技術研究開発推進本部」を設け、日本が注力するべき分野を毎年閣議決定し、防衛省、経産省が所管する10兆円程度のファンドをつくって毎年1兆円を取り崩すこととし、また、官民の最高の研究者を集めて研究開発する拠点を設けるなどの施策を考えねばならない。そこから新しい産業技術がスピンオフして生まれてくる。先進国では産業の空洞化が進む。多くの国で最後まで本国に残る中核産業とは、防衛産業なのである。

④基幹インフラ役務の安定供給とサイバーセキュリティ

この他、経済安全保障法制では、基幹インフラ役務の安定的供給確保に関する制度、特許出願御非公開に関する制度が設立されている。秘密特許に関しては、第5章（玉井克哉教授執筆）を参照願いたい。

(ア)脆弱なサイバーセキュリティの原因は憲法21条問題

基幹インフラ役務の安定供給確保に関する制度では、水道、ガス、電気、通信、金融などのライフラインに関する役務を提供する基幹インフラに関して、ベンダー（下請け）を含めて、ゼロリスクの調達を義務づける制度である。ただし、この制度を実効あらしめるためには、現在、別途進められている日本のサイバーセキュリティが確保されなければならない。ハードウェアだけをゼロリスクにしても、仮想空間の守りの脇が甘ければ意味がないのである。

日本のサイバーセキュリティは、内閣サイバーセキュリティセンター（ＮＩＳＣ）が所掌しており、東京オリンピック・パラリンピックでは見事な働きを見せたが、１００人の小所帯であり、台湾有事等に際しては、万単位の中国サイバー軍による攻撃には歯が立たない。よく揶揄されるように、今のままでは、中国軍の戦車が攻めてくるのに玄関に南京錠をかけるようなものである。

自衛隊のサイバー防衛隊を抜本的に強化し５０００名規模（旅団規模）にし、１万５０００名の優秀な技師を抱えるデータセンターを置いて、日本の要所にセンサーを配置して、サイバー空間全体を監視させ、マルウェアを発見したら、直ちにその発信源を突き止め、敵コンピュータに逆侵入する権限を平時から与えておかねばならない。サイバー戦争は、平時から始まっているからである。

日本では、２０２３年秋時点でも、中国でサイバー戦を担当する人民解放軍や諜報機関まで含めて、通信の自由が日本国憲法第21条で保障されているという奇妙奇天烈な憲法解釈がまかり通っている。それが日本のサイバーセキュリティを著しく脆弱なものとしている。

軍や諜報機関同士には、通信の自由などない。毎日、互いの暗号を破り合い、平時から相互のサイバー空間のなかで戦い合っているのが現代の軍隊であり、諜報機関である。日本では、日本国憲法の奇妙な解釈が、サイバー空間で自衛隊の手足を縛り、逆に、敵対し得る外国軍隊や諜報機関に野放図な活動を許しているのである。実際、不正アクセス禁止法をはじめとする関連法令では、自衛隊を含めて他人のコンピュータへの侵入を禁じている。それでは敵側に逆侵入して、敵の侵入を阻止することができない。やられっぱなしになるのである。

行政府内で憲法解釈を司る内閣法制局には、防衛官僚や自衛官安全保障関係者が一人もいない。素人判断で国家の死命を制するような安全保障政策に介入することは非常に危険である。内閣総理大臣は、内閣の長として、自衛官等、安全保障の専門家、特にサイバー戦の専門家を、顧問ないし補佐官として内閣法制局に配置するべきである。

(イ)政府クラウドの不在と安保官庁と経済官庁の断絶

また、日本には、そもそも守るべき政府クラウドがない。頑丈なファイアウオールで守り抜いた政府クラウドには、自衛隊、日本政府、防衛産業、重要インフラ企業、電気通信企業を入れて守る必要がある。

残念ながら、日本では、外務、警察、防衛といった安全保障官庁と、財務、経産、総務、デジタル庁といった経済官庁の縦割りが厳しく、特に、冷戦に参加しなかった経済官庁の秘密保全の脆弱さや軍事的リテラシーの欠如が、安全保障関係省庁と、経済関係省庁の組織文化の違いを際立たせている。それが政府全体を包み込む政府クラウドをつくるうえで大きな障害となっており、デジタル庁が政府統一のプラットフォームをつくることができない最大の要因となっている。

この政府クラウドができると、そのクラウドに入ることのできる官民の人間は、閲覧できる機密事項のレベルと範囲に応じて、厳しいクリアランス（資格検査）を受けねばならない。どんなに素晴らしいファイアウォールでも部内の人間には無力だからである。政府クラウドにアクセスする官民のすべての人間がその対象となる。特に、中国、ロシア、北朝鮮と不適切な関係を有していないか、金銭授受等を受けていないかが厳しく審査される。米国では、最高位の国家情報官などは、半年にわたって、家族も含めて不愉快な程厳しい審査を受けるという。クリアランス制度は、政府クラウド制度を伴って、初めて大きな意味を持つシステムになる。

3 取り残された問題

岸田政権が成し遂げた経済安全保障推進法制定は、大きな前進であった。所管大臣であった小林鷹之大臣、また、菅政権の段階から、準備に携わってきた北村滋・元国家安全保障局長の尽力の賜物である。

①エネルギー安全保障とシーレーン防護

しかし、まだ手つかずの問題が多く残っている。一つがエネルギー安保である。日本は官民で半年分の石油備蓄を行っているが、すべて青空の下の剥き出しのタンクである。中国のミサイル攻撃でたちまち破壊され得る。あるいは、サイバー攻撃で中枢コンピュータシステムがダウンする。そうなると、1日当たり、20万トンタンカーが15隻日本に入ってこないと、日本はたちまち「油断」となり、電気も止まり、経済も破綻する。

しかし、台湾有事に際しては、バシー海峡、台湾海峡はもとより、東シナ海、南シナ海全域が戦争水域となり、船舶保険も付与されないであろう。迂回ルートは、南太平洋から小笠原諸島を回る長大なものとなる。

有事になれば、海上自衛隊は戦闘に集中するであろうし、海上保安庁には対潜水艦戦の能力がない。どうやって日本商船団を護衛するのか。

国家安全保障局と内閣府総合海洋政策推進本部が音頭を取って、海上自衛隊、海上保安庁、資源エネルギー庁、国交省海事局を取りまとめて、対策を考えねばならないのであるが、第二次安倍政権以降、コロナ禍もあり、何も進んでいないであろう。

シーレーンに食料の輸入を依存している食料安全保障についても同様の問題がある。

②台湾有事のもたらす経済的損失とその補填

第二に、台湾有事がもたらすであろう経済的損失の手当てである。世界第1位の経済大国である米国、2位の中国、3位の日本と、G20サイズの経済規模を誇り、最先端半導体の受託生産を一手に引き受けている台湾が武力紛争に巻き込まれれば、世界経済はもとより、日本経済が受ける打撃は想像を超える規模になり得る。

台湾有事が始まるとすれば、唯一のシナリオは中国による台湾島の侵略である。日本は、台湾防衛のための米軍の最前線基地となる。日本政府はさらに、米軍に対する後方支援、あるいは、集団的自衛権行使による直接支援に踏み切るかもしれない。

日本の自衛隊が、強力な反撃力を備えていない限り、中国が、台湾と同様に、日本本土への攻撃により、日本を直接戦闘に巻き込む危険はぬぐえない。自衛隊基地、米軍基地への攻撃はもとより、サイバー攻撃、ミサイル攻撃によるライフラインなどの重要インフラや政治・経済中枢への攻撃がなされれば、その被害は3・11の東北大地震を凌駕するであろう。前述のようにシーレーンへの攻撃もなされるであろう。日本の株価は暴落し、円も暴落するであろう。

逆に、米国を中心とした国際的な対中国経済制裁網が設置されれば、中国は第一次世界大戦中のドイツのように大陸封鎖されることになる。しかし、世界第2位の中国との経済的断絶がもたらす西側諸国の経済的な痛みは激しいものとなる。財政支出は、数百兆円規模となり、事後の増税も必須となるであろう。

台湾有事がもたらすマクロな経済的混乱にどう対処するかという問題は、日本はもとより、米国をはじめとする西側諸国のなかでも、未だ真剣な議論となっていないのである。

第2章

経済安保のキーワードは デリスキングとリマニュファクチャリング

國分俊史
東京大学先端科学技術研究センター特任教授

Point

- 米国は２０２３年春からEUに歩調を合わせてデカップリングからデリスキングに方針転換し、先端技術は「small yard, high fence（狭い庭、高い柵）」にて輸出管理すると表明した。だが、指定技術の曖昧性は継続し、サプライチェーンも比較優位がある重要工程は米国内への物理的な移設を求める。また、日用品についても一定量は米国内で自給できるよう内製化を求めることから、デカップリングとの差がわかりにくい状態が続く。
- ＡＵＫＵＳは日本では原子力潜水艦輸出を目的とした軍事協力に注目が集まっているが、米国は対中先端技術開発協力の枠組みに位置づけており、米国単独ではなく多国間で技術覇権競争を推進していく意志にもとづいている。日本としてはＡＵＫＵＳを、米国のイノベーションをリードしてきた国防総省の研究開発機関であるＤＡＲＰＡの多国型として捉えるべきだ。ＡＵＫＵＳに参画するにはセキュリティ・クリアランスが必須となることから、日本での制度創設は不可欠である。
- 台湾海峡有事は日本本土へのミサイル攻撃が米国では当然とされているが、日本ではその認識がまったく形成されていない。企業は本土攻撃が行われることを前提にＢＣＰを策定しておくことが、社会的責任として不可欠である。また、有事の発生を念頭に、米国はサプライチェーンの脱中国とフレンドショアリングを最優先で動いており、その実現策として中古部品を再利用するリマニュファクチャリング政策が鍵となってくる。

1　EUと歩調を合わせ始めたデリスキング政策

①トランプ政権下で歴史的な転換が行われた対中政策

２０１８年10月４日、当時トランプ政権下にて副大統領を務めていたペンス氏がハドソン研究所で行った演説は、米国の対中政策が歴史的な大転換に向かい始めたことを世界に認識させるきっかけとなった。この演説を受けて、世界各国は米国がトランプ大統領の気まぐれで対中批判や無謀な関税引き上げを行っているのではなく、米中冷戦時代の幕開けに向けて、政府レベルで体系的に動き出していることを認識し始めた。

これ以降、米国内では中国との取引の分断を意味するデカップリングという言葉が様々な場で聞かれるようになり、産業界もデカップリングを政府から迫られる危機認識を持つようになった。

デカップリング政策の輪郭は、米国において毎年国防政策の骨子と予算方針を定める国防権限法（以下ＮＤＡＡ）の２０１９年度版によって示され始めた。ＮＤＡＡ２０１９は、多くの企業がイノベーションのテーマとして技術開発に取り組んでいたＡＩや量子コンピュータをはじめとする様々な新興技術を、米国政府の輸出許可を必要とする規制管理対象にしていく方針を示した。

対中政策の変化が目に見える形で認識されたのは、米国政府と取引する企業がファーウェイやハイクビジョンなど中国の5社の企業の製品を利用することを、この法律によって禁じられたことだった。同時に、対米国投資委員会の規則を改正する外国投資リスク審査現代化法を制定し、中国からの対米投資審査を国家安全保障の観点から抜本的に強化した。

その後、2020年に世界を襲ったパンデミックは、中国への供給依存が国家安全保障に直結するリスクになることを米国だけでなく、世界にも認識させることになった。

世界の対中リスク認識が変わり始めたなかで、米国は、中国の軍事産業への加担や人権侵害に関与していると判断した中国企業への輸出停止、人権侵害の発生が疑われている地域である新疆ウイグル自治区がサプライチェーンに関与していないことを証明できない製品の米国への輸入禁止、米国の会計監査ルールに準拠しない中国企業の米国内での上場禁止など、関税引き上げとはまったく異なる対中政策を次々と繰り出していった。

②強硬姿勢を維持し体系化を進めるバイデン政権

バイデン政権になった2021年以降は、トランプ政権時代の対中政策を転換して緊張緩和に向かうのではないかとの憶測もあったが、トランプ政権の政策を維持したうえで、より体系的な対中経済制裁の上乗せが展開された。バイデン政権は米国企業だけが損失を負うことを回避し、対中制裁の実効性を担保するために多国間連携の推進から着手した。

トランプ政権との最大の違いは、ルールにもとづく自由民主主義という価値観を共有できる国々を対中陣営化するべく、能動的なリーダーシップを発揮してきた点だ。2021年12月、2

023年3月にそれぞれ「民主主義のためのサミット」を開催し、いずれも100カ国以上の国と、台湾などの地域を参加させるに至った。

多国間連携による対中政策の推進を目指していると思われている最中の2022年10月7日、米国は単独で突出した政策を繰り出した。16または14ナノメートル以下のロジック半導体の製造装置の対中輸出を禁止し、米国籍を有する人材が中国国内で米国政府に供給規制をされた企業での半導体の開発や製造に関わることも禁じた。

この政策の発動に当たり、米国では他国も同様の政策を追随して発動してくれることを強く期待していたが、日本は2023年3月まで明確な追随の姿勢を示さなかった。

この政策に深く関与している米国政府のアドバイザーによると「もし日本が追随しなければ日本の半導体関連企業をエンティティリストに載せるべきという議論が議会で高まり、実際に社名入りの政策案のドラフトが文書化された」という。

このドラフトが現実になることは回避されたが、同盟国であっても容赦しない米国の強硬な姿勢が垣間見えた瞬間であった。

③G7を前にEUと歩調合わせを開始

2023年3月、EUのフォンデアライエン委員長は、中国との関係について経済的つながりを切り離す「デカップリング」ではなく、リスクを低減する「デリスキング」というコンセプトワードを提唱し始めた。翌月には先端技術に限定しつつも、EUから中国への投資規制（以後、対中投資規制と呼ぶ）の検討に着手することを明示し、２０２３年中に具体的な政策案を公表する意思を表明した。

これを受けて２０２３年4月27日、米国の安全保障担当補佐官であるジェイク・サリバンがワシントンのシンクタンクにおける講演で「デリスキング」をキーワードとして用い、米国の対中政策の骨子に位置づける新たな展開が始まった。そして翌月の5月から日本で開催されたＧ７では、主要7カ国が公表した首脳宣言において「デリスキング」にもとづいて対処していく方針が明示された。

バイデン政権のこうした歩調合わせは、米国が政策で先行する構図は変わらないながらも、他国の追随を確実なものにしながら推進していく意志を明示している。案の定、Ｇ７後の8月には、米国は半導体・マイクロエレクトロニクス、量子コンピューティング、ＡＩなど一部のハイテク分野に絞り込んだ対中投資規制の大統領令を、ＥＵに先行して発表した。

サリバンが4月に行った演説では、米国は「small yard, high fence（狭い庭、高い柵）」というコンセプトで、国家安全保障に関係する先端技術に限定して管理強化に取り組んで行く方針が示された。また、今後はバイオとグリーンテックの二つの領域の新興技術の優先度を高め、中国に対する優位性が5年から10年程度見込める技術であり、軍事転用される可能性がある技術だと判断された場合は、small yard, high fence に位置づけられると説明した。

このように米国は、国家安全保障に影響する先端技術だけに対中輸出管理を限定する方針を示したことで、デカップリングとデリスキングとの違いを際立たせ、ＥＵをはじめとする多くの国から理解を得ようとし始めている。

見誤ってはならない点は、米国は脆弱性の解決にも取り組むことを経済安全保障戦略として掲げていることだ。他国に依存しすぎている製品は一定量、国内供給能力を構築するために米国での生産を進めるとしている。また、物理的に重要な先端技術の工程は、米国内に物理的に構築しておかなければならないという意志も示している。台湾の半導体メーカー、TSMCの米国誘致はその典型だ。

両者の狙いは違うが、起こる事象は米国へのサプライチェーンのシフトであることから、その動きは中国とのデカップリングを進めているようにも見えるだろう。だが、分断ではなく一定量の供給能力と、特定の工程に限定したデリスキングであると理解して観察しなければ、米国の政策を見誤ることになる。

2 米国の経済安全保障から予見される外交政策

①インドよりアフリカ

筆者はワシントンD.C.にて2014年から経済安全保障をテーマに政府高官やシンクタンク、D.C.に拠点を置く産業界のロビー団体との意見交換を定期的に実施してきた。

２０１８年時点では、産業界はトランプ政権下で強硬化する対中政策を批判し、巻き返しのロビー活動を積極的に行っていた。また主要シンクタンクはトランプ政権の対中政策をクレイジーだと批判しながらも、中国との関係は見直さなければならないが、見込まれる経済損失を踏まえるとまだ具体策は見えないといった感じであった。

しかし、２０１９年に入ると産業界の雰囲気が一変した。「ロビーをしても、議員からはどうせ中国市場は閉ざされるのだから時間の問題でしかない」と言われ、これ以上の説得は無駄だとのコメントが多数聞かれるようになった。そして２０２２年11月、どこで議論をしても「中国との国家安全保障を理由とした競争による経済損失は受け入れて乗り越えていくしかない」という認識が政府、シンクタンク、産業界の間で概ね一致した状況になったことに驚いた。

こうした対中認識が形成されたからには、中国の次の市場として米国は本気でインドに投資をしていくことになったのではないか、という観測が日本の産業界には広がり始めていた。この観測が事実なのかを検証するべく、２０２３年の春にD.C.で議論を重ねた結果、意外な見通しが得られた。

ホワイトハウスのＮＳＣ（国家安全保障会議）高官、シンクタンク、上院の外交委員会の議会スタッフの誰もが、「インドは最低でもあと10年は市場として期待できない」と明言したのである。加えて、「インドは日本の方が物理的に近いのだから、日本の方が市場化させる力を持っているだろう」と、日本の関与によるインド発展の期待を皆一様に示したのである。読者の多くは認識していると思うが、インド市場で成功している日本企業は数社しかなく、多くの日本企業が既に撤退している状況にある。

ではインドではないとすればどこを優先するのかと質問すると、答えはこれも一様に「アフリカだ」と回答された。しかし、米国はアフリカについて、インドに比して利益を得られる勝ち筋が見えているわけではない。アフリカを市場にしていく方がまだ現実的だろうという相対的な難易度の感覚に止まっており、産業界も含めてアフリカの市場化戦略が描かれている状況にはまったく至っていない。

このインタビューから得られた結論は、米国では中国に代わる成長市場が見込めていないにもかかわらず、国家安全保障を理由に中国市場を失うダメージを被ることは致し方ないというコンセンサスが、ホワイトハウス、省庁、シンクタンク、産業界で形成されたという驚くべき新しい現実の誕生である。これは、米国の対中政策が不可逆な状態に突入したことを意味することから、向こう数十年の対中外交姿勢の軌道が確定したと捉えることが妥当だろう。

②ハイテクイノベーションの枠組みとして捉えるべきAUKUS

日本ではあまり深く理解されていない米国の政策としてAUKUS（オーカス：米国、英国、豪による安全保障協力の枠組み）が存在する。原子力潜水艦の供与とオーストラリア国内での建造を実現するための、軍事技術共有の枠組みでしかないというのが日本企業の認識だ。重要なことは、AUKUSにはこれ以上の戦略的な意図が含まれていることだ。

米国でのヒアリングを通じてわかったことは、AUKUSを中国との技術覇権競争に打ち勝つためのハイテクイノベーションの枠組みと定義しており、日本の参画も期待されているということだった。しかし、日本が参画するには、国家機密を取り扱うための適正評価を行うセキュリティ・クリアランス制度（以下SC）の創設が不可避だと誰もが口を揃える。

実はAUKUSは現在、米、英、豪の間でもハイテク技術の共有につまずいている。米国と英、豪の間であっても、輸出管理規制、サイバーセキュリティ基準、SCなど各規制における違反の際の処罰レベルに乖離があるため、それらの制度ギャップの調整に時間を要している。

米国は上院外交委員会のジェームス・リッシュ上院議員が2023年5月4日にITAR（国際武器取引規則）の改訂案を含むTORPEDO Actを発表し、中国を牽制するためには必要な改革だと主張した。TORPEDO Actの主な内容は、ITAR改訂による英豪への軍事品供与に対する許可制度の原則廃止、新たな情報区分制度の制定による英豪への重要技術情報の共有の容易化、英豪の輸出管理規制強化状況に関するレポートを国務省および国防総省に要請している。

英豪の制度改善を求めるだけでなく、米国側からの歩み寄りを示そうとする内容になっていることからも、米国がAUKUSの推進にかける強い思いが垣間見える。下院外交委員会のマコール下院議員も、同じタイミングで英豪への技術供与の促進に関するヒアリングを国務省および国防総省に対して実施しており、上院と歩調を合わせた超党派の法案の準備に入った。

このように、AUKUSは米国が単独ではなく、情報漏洩を厳密に管理できる制度を有する国々と先端技術開発で協力を行うことを目的としており、米英豪の企業はAUKUSからイノベーションの恩恵を受けていくことが予想される。技術開発のテーマは原子力潜水艦に関係する技術にとどまらず、米国がNDAA2019で定めた新興技術全般を前提としているのだ。

これは筆者の完全な仮説であるが、韓国はSC制度があることから日本よりも先にAUKUSの枠組みに参画する可能性が否定できない。米国は日本と韓国の連携を長年強く望んでいる。日韓を米英豪の下で協力させ続けるマグネットの機能を担った持続的なイノベーションプラットフォームにAUKUSを位置づけていく可能性は、十分あり得る。

日本の産業界も、米国のイノベーションが国防総省の研究開発機関であるDARPAによってリードされてきたことは認識している。今後はAUKUSがDARPAの役割を担っていくと捉えておくことが、日本の産業界には必要だろう。

③日本企業に対してもチェックが強化されるCFIUS

2023年5月、フィナンシャル・タイムズはCFIUS（対米外国投資委員会）が日本企業の中国依存度の調査を強化する方向で動き出していることを報じた。この報道について、国防総省で日本を担当していた高官から「重視しておくべき情報だ」との連絡がわざわざ筆者に届けられた。

報道によると、今後日本企業はCFIUSに対して、自社の情報システムのサイバー対策の状況や技術情報等に対する中国従業員（その他中国における協業先）のアクセスの管理状況について十分な説明が求められる。また、情報へのアクセスのみならず、中国市場への依存度についても、中国政府の影響力が企業の経営陣に及ぶ可能性を考慮する際の指標とし、中国子会社とのつながり、JV（ジョイントベンチャー）の形態、そのほか協業体制にも着目して、日本企業の中国に対する脆弱性を評価していくという。

元高官はこの記事の内容について、CFIUSだけでなく米国政府全体の日本企業に対するリスクの捉え方として今後確実に浸透するとし、米国市場での成長を目指す場合は、中国事業の影響度を低減させる組織構造の設計や米国基準のサイバーセキュリティ対応が不可欠であると解説した。CFIUSの改革に伴い、米国はまずは対中国企業への審査活動を強化し、中国から米国への投資額は既に激減したことから、日本企業に調査能力の配分をシフトさせ始めたのだろう。

先に述べたように、同盟国であってもエンティティリストに載せようとした米国の動きを踏まえれば、インテリジェンス機関の人員からなるCFIUSの調査の手が緩むなど考えられない。そして日本企業が認識を改めるべきは、アメリカのインテリジェンス機関が日本企業の組織やシステムの内部構造を、日々情報収集して評価する動きを取り始めたという現実である。米国のインテリジェンス機関が本気で社内に入り込もうとすれば、防げるはずはない。つまり、すべて見られている前提で経営体制を構築していく必要がある。

事実、米国防総省は2017年に同省がサプライヤーに対して求めた情報システムの技術規格であるNIST SP800-171への準拠状況について、ハッキングして実態を調査し、弾道ミサイル防衛システムの供給を担っていた7社が虚偽報告をしていたとして吊るし上げた。

この調査では、ハッキングによって社内システムの多要素認証の実施状況、パスワードの複雑さ、システムへのアクセス制御と特権管理の状態などについて、実装と運用状況が評価された。

サイバーへの取り組みが最も強固とされている防衛産業であっても、米国のインテリジェンス機関は容易にハッキングしてしまうことを踏まえると、日本企業が内情を隠すことなど不可能であると認識しておくべきだ。

日本企業はCFIUSの審査ターゲットになったという意味を十分に理解したうえで、対中ビジネスがもたらすリスクを想起し、構造的に封じられるガバナンスの設計に自主的に取り組むことが、米国市場の拡大には不可欠となる。

3 台湾海峡有事――必要なBCP策定

①日本本土へのミサイル攻撃を前提にしている台湾海峡有事

2022年5月、バイデン政権の国家安全保障にかかわる重要なポストに多数のメンバーを輩出しているシンクタンクのCNAS（Center for a New American Security；新アメリカ安全保障センター）は、米国の三大ネットワークの一つであるNBCと約30分におよぶ台湾海峡有事の紛争シミュレーションの模様を放映した。

この紛争シミュレーションの重要なポイントは、現職の米国下院議員であるマイク・シェリル民主党下院議員、マイク・ギャラガー共和党下院議員が参加して実施されたことだ。両議員は米国チームに、そして中国チームはＣＮＡＳのトップであり、米国の安全保障政策を長らくリードしてきた故ジョン・マケイン議員の政策スタッフを務めていたリチャード・フォンテイン氏をはじめとするメンバーが担当した。

この紛争シミュレーションで明らかにされたことは、中国は真っ先に日本本土の横田、厚木、横須賀、岩国、佐世保、嘉手納の在日米軍基地に対してミサイル攻撃を実施するという衝撃的な攻撃シナリオだ。続く第二次攻撃も三沢、小松、呉の在日米軍基地にミサイル攻撃するシナリオで事態は展開した。ＣＮＡＳはテレビ放映を通じて中国による日本本土への攻撃は蓋然性の高いシナリオであることを知らしめたのだ。

驚くのは、米国チームである現職の両下院議員が、この攻撃に対して何ら驚きも見せず、至極当然と受け止めて米国としての対応策を淡々と判断していく様子も報じられたことだ。

日本で報道されている台湾海峡有事のシミュレーションでは、沖縄が巻き込まれるか否かが争点となり、それ以上のリスクは報道されない状態が続いている。このシミュレーションについて米国の他のシンクタンクや元国防総省高官からは、日本の本土への攻撃は間違いなく実施される前提で米国は準備しており、ＮＢＣの放映とその後の YouTube による拡散は、日本が本土攻撃を前提とした対策の検討に着手してもらう必要があるから実施していると解説した。

この YouTube 動画は原稿を執筆している２０２３年9月時点で既に89万回再生されているが、残念なことに、日本ではこれを取り上げた報道は一切ないままだ。

日本本土攻撃シナリオはＣＮＡＳだけが警告しているのではない。２０２３年1月に安全保障分野で米最大のシンクタンクであるＣＳＩＳ（戦略国際問題研究所）も、台湾海峡有事シミュレーションを24回実施した結果を公表した。うち19回で、ＣＮＡＳ同様に日本本土へのミサイル攻撃が行われているのだが、この事実を日本のマスコミは報じていない。

その結果、日本企業の間では日本政府から台湾海峡有事を念頭に置いたＢＣＰ（緊急事態における事業継続計画）の策定など求められておらず、日本政府から言われていないのに自分たちが騒ぎ立てたら中国政府からにらまれると言って、具体策への着手が進まない状態が続いている。

②日本本土ミサイル攻撃を前提としたBCPの必要性

だが、日本企業の株主である外国人投資家は、こうしたインテリジェンス情報を日々分析しており、当然ながら日本企業は自主的にこうした情報を収集して先手を打った対策を準備していると考えている。筆者には様々な機関投資家から問い合わせが入るので、日本企業が未着であることを伝えると、「信じられない」と皆一様に驚くのはそのためだ。

この驚きは、実際に台湾海峡有事が発生した場合に対策を有していなかったことによって業績が大きく落ち込み、株主価値を毀損させた場合は株主代表訴訟に動く可能性の裏返しである。

日本企業は今すぐ、本土の米軍基地がミサイル攻撃された場合に、業務を止めるか続行するか、サプライチェーンを回し続けるのか否かについて方針を定め、ＢＣＰの策定に着手する必要がある。

その際に前提にすべき現実は、ロシアによるウクライナ侵攻だ。２０２３年１月、キーウには

1日で70発以上のミサイルが打ち込まれていたが、マクドナルドはハンバーガーを販売し続けていた。グローバルカンパニーは戦争ではなく、侵攻を防ぐ戦いという状況認識を形成し、ウクライナの市民に平穏な日々を提供するべく、企業活動を継続すべきと判断しているのだ。

もし、在日米軍基地にミサイルが落ちたからといって日本企業が日本国内の業務を止めたとしたら、「無秩序に民間施設が攻撃されているわけでもないのに何をしているのだ」と世界から呆れられることは確実だろう。だが、今の日本企業の多くは、日本の本土にミサイル攻撃が行われた場合は業務停止、社員は自宅待機と必要に応じて避難という指示が出されるのがほとんどだ。日本本土へのミサイル攻撃が行われた場合に果たすべき企業責任を考えたことがないため、「ミサイル攻撃＝戦争＝経営者は無力でお手上げ」という思考回路しか持ちえないのだ。

幸いなことに、一部の先進的な企業はミサイルの着弾地点に応じたＢＣＰの策定に着手している。こうした企業はＢＣＰの策定にあたり、こうした有事シミュレーションを受けて「軍事施設周辺だけがミサイル攻撃されている状況は平時だ」という新しい常識を社内につくり出してから検討に着手している。在庫は1年以上保有する動きを開始しており、利用するシーレーンの見直しも検討している。

台湾海峡有事が発生した場合は1年程度で収束し、新しい現実が誕生することになるだろう。そのときに、有事発生前に企業がどのような準備をしていて、発生後にはどのように動いたのかを、外国人投資家は冷静に分析するはずだ。そして、想定できたはずの本土攻撃を念頭に置いた事前準備が不十分であったことで大きな損失を生んだ企業に対しては、容赦なく株主代表訴訟が行われるだろう。

4 経済安保によって加速するリマニュファクチャリング政策

①インドを代替供給地にする現実策

リマニュファクチャリングとは、中古の部品を再利用した製品を新品と同様もしくはそれ以上の性能を保証して出荷するビジネスモデルである（以下リマニと呼ぶ）。

欧州で始まったサーキュラーエコノミーや2022年に経済産業省がまとめた資源自立経済戦略との最大の違いは、製品を原材料にまで還元して部品からつくり直し、新品の部品として販売し直す点がまったく異なる。サーキュラーは原材料レベルでの循環をさせつつ、新品の部品からなる新製品の販売を前提にしている点でリマニとは異なる。

米国では2015年から政策化されており、当時はコスト削減を目的として米国政府が利用する自動車の調達に対し、中古部品の利用を法制化するところから始まった。その後、医療機器やエレクトロニクス製品など様々な産業でコスト削減を目的にリマニは浸透していき、部品を再利用する際の品質を担保するためのチェック方法など様々な手順を定めるべく、標準化団体も形成されている。

このコスト削減を目的に始まったリマニが、米中冷戦を受けて、現在は経済安全保障を目的にサプライチェーンの脱中国化を果たす手段として取り組みが加速している。米国の本気度を理解する典型的な政策領域が国防政策であるが、軍用ヘリのアパッチにおいてもリマニ化が進められている。米国は、防衛装備品のサプライチェーンの中国依存の解消に取り組み始めており、リマニは中核を成す政策となっている模様だ。

水面下でリマニの準備を着々と進めていると思われる代表的な企業がアップルだ。実はiPhone14は、かつてない修理がしやすいデザインになっていることがパワーユーザーの間で大きな話題になっていた。iPhone14からインドでの生産が本格化しており、ジェトロの発表によると2022年10月には台湾のフォックスコンが、同年12月には同じく台湾のペガトロンという大手サプライヤーがインドで生産を開始したことをアナウンスしている。2023年4月には、アップルはインドに直営店を開設して現地販売を開始したが、現地販売されているiPhoneの85%がインドで生産された製品であることも報じられた。

2022年11月、筆者は米国防総省のハイテク政策のアドバイザーを担っているシンクタンクから「iPhone14が修理しやすくなったのは、アップルが中国へのサプライチェーン依存を低減する手段として有効だからだ」と、婉曲な説明を聞かされた。

アップルはサプライチェーン戦略の詳細は公表しないが、米国の政府高官らは「アップルはインテリジェンス機関と密に意見交換して対中戦略を再構築している」と言っており、修理しやすい設計とインドでの部品生産能力の構築はリマニを念頭においたものと見ることが妥当だ。

アップルは今後、新品の部品はインドで生産し、中古部品は各国で販売済み製品の回収網を構築することで中国依存の解消を行い、リマニ品の普及を目指してくる可能性が高い。そして、リマニ戦略は、経済安保政策への対応だけでなく、ＥＵでの市場シェアの維持と中国市場からの撤退を合理的にさせることも念頭に置かれている可能性が高い。

②修理する権利とリマニの相互作用

ＥＵは２０２２年３月にエコデザイン規制の改正案を発表し、企業に対して修理しやすい製品デザインと、修理履歴をデジタル製品パスポートという形で履歴管理させていく規制案を打ち出した。また２０２３年３月には「製品の修理を推進するための共通ルールに関する指令案」を発表し、このなかで消費者の「修理する権利」を打ち出した。

これを受けて、欧州の情報通信技術（ＩＣＴ）関連産業団体デジタルヨーロッパは同年5月15日に、不良品を整備済みの製品と交換することも修理に含める提言を行った。この定義が認められれば、交換によって、修理した部品と修理していない部品が混在する製品の流通が行われることになり、リマニの実装が進むことになる。

米国でも２０２３年6月にニューヨーク州が修理する権利の導入を発表しており、他州にも広がると予想されている。修理する権利が米欧に浸透すれば、リマニを前提とした製品設計とサプライチェーンの構築が市場ニーズに適した戦略となる。

修理する権利が米欧で浸透すれば、当然、中国でも修理する権利は法制化されるはずである。

しかも中国は欧米よりも先にリマニ政策に取り組んできており、商用車においてはリマニを示すラベルまで制定されてブランド化も図られているのだ。

その中国に修理する権利が導入されれば、中国政府は大胆に修理事業者を育成する名目で技術の開示や設計情報の開示を求めてくることは明らかだ。それだけにとどまらず、iPhoneから取り出した部品をファーウェイなど中国産のスマートフォンに堂々と転用し、半導体輸出規制を無力化させるだろう。

2023年9月に中国はセキュリティリスクを理由に、政府や国有企業の職員によるiPhone利用を禁じると発表し、発表の2日後にはアップルの時価総額が28兆円も喪失した。だが、アップルからすれば、修理する権利を中国が入れた後に、戦略的に自主的に撤退を表明するよりも、中国政府の利用規制によって撤退させられる方が、会社としては説明しやすかったはずである。

③リマニが引き起こす日本へのリスク

修理する権利がもたらす影響としてメーカーが最も恐れるのは、中古部品を使った模倣品の流通や技術流出による競合メーカーの出現である。

このリスクを低減する方法は、商品を売り切るのではなく、サブスクに切り替え、故障した製品の取り換えはもちろん、一定期間が経過した製品を自主的に回収して入れ替えるビジネスモデルに変革することだ。こうすれば、製品の所有権を自社が保有することで、修理業者のネットワークを自社の管理下に置くことが可能になり、部品の拡散を回避することが可能になる。つまり、リマニは様々な製品のサブスク化を加速させることになる。

実はここに、部品サプライヤー大国である日本企業にとっての落とし穴が潜んでいる。日本の部品サプライヤーは部品をメーカーに売り切っていることから、メーカーが製品を回収してメーカー側が独自に部品の性能保証をして再利用した場合、そのエコシステムには関与できないのだ。

一般的に日本の部品サプライヤーはメーカーが求める部品の性能保証期間に対して、実際には2倍程度の耐久性能を社内基準としている企業が少なくない。この耐久性がリマニによって仇となる。メーカーはできるだけ中古部品を使い回す方が利益率が高まることから、耐久性能に優れている部品をできるだけ使い回せる製品設計にしていくはずである。

日本の部品サプライヤーは部品を回収する術がないことから、新品の部品需要は激減することが容易に予想できる。しかも、メーカー側は一度販売して貸借対照表の棚卸資産から消え去った部品を、回収に要したコストだけ原価計上するため、利益率が大幅に高まる。

米国は中国に依存している部品のうち、重要な工程はフレンドショアリング（同盟国や友好国など親しい関係国だけにまたがって構築するサプライチェーン）での生産を要求し、中国依存が続く部品は中古部品の再利用率が引き上げられるように耐久性の向上を求め、新規の調達量における中国依存比率をできるだけ最小化していくだろう。

中国に依存している部品サプライヤーは、優先的にリマニによって新規調達量を抑えられる対象になることを念頭に置く必要がある。おそらく、様々な製品のリマニ化は台湾海峡有事の影響を回避する目的で加速し、２０２７年までには多くが完了するはずだ。つまり、この3年で日本の部品サプライヤーの事業環境が激変すると認識して、日本企業は戦略の再構築を急ぐ必要がある。

④変わるアフリカの位置づけと日本が取るべき戦略

リマニ政策が米国で加速することで、アフリカの価値が変わる可能性が高い。日本のある企業は、iPhone の解体作業を行って回収した部品を中国に輸出販売している。そして部品分解作業は障害者雇用の場になっている。iPhone は機種によって部品の配置が異なっており、部品分解作業は機種単位で作業工程をつくりあげ、人海戦術で丁寧に接着面を剥がしたりネジを緩めたりする作業が入り乱れる。デリケートな作業であることから複雑な手作業が必要であり、経験を積んだ障害者たちがスムーズに作業をこなしている。

今後、世界各国に流通した製品を回収して分解作業を行うには、大量に人材を集めて機種や品目ごとに学習効果が働く形で解体工程を組み上げる必要がある。その際、アフリカは社会インフラが未整備ながらも安い労働力が豊富な点で、解体・修理拠点として戦略的な活用が見込める場になり得る。

米国企業の多くの製品がアフリカに集められ、人海戦術で解体作業を行い、修理スキルを育成すれば、リマニ品の出荷拠点として新しいエコシステムを構築し、経済成長が見込めるだろう。そしてインドよりも漠然と期待している米国政府にとって、米国企業によるアフリカへのリマニ投資は安全保障の観点からも有効策と判断され、国家安全保障戦略に位置づけて米国企業のアフリカ展開を支援する政策がつくられていく可能性が高い。

日本企業は米欧中に比してアフリカ展開が大きく遅れており、うまくいっていないインドよりも進んでいない。そのアフリカに米国企業に納めた自社の部品の再利用と修理を担う産業クラスターが形成されるとすれば、日本企業は自社の部品の修理や修理しきれない部品に限った新品部品への交換を行う拠点の開設を否応なく強いられていくだろう。

つまり、米国企業のリマニ戦略によって日本のサプライヤーのアフリカ進出が、部品修理・交換ビジネスを中心に進んでいく可能性がある。だが、自ら新品部品市場を縮小させることになるアフリカ進出は、日本のサプライヤーの衰退を加速するだけだ。

よって、日本政府は日本のサプライヤーを守る、創造的なルール形成戦略を構想する必要がある。「修理する権利」を参考にすれば、「耐久性の価値を得る権利」や「再利用収益を還元される権利」など、日本の部品が再利用された場合には、その再利用回数に応じた対価の支払いを完成品メーカーに課すルール形成が必要だろう。

現在は超小型部品であっても、製造ロット番号やシリアルナンバーを部品に直接印字するダイレクトパーツマーキング技術が進化している。また、印字する情報量も文字列や2次元コード（QRコード）によって大容量化が進んでいる。ある電子基板に印字されている部品の文字列は、0・35ミリ×0・35ミリという超小型サイズだ。

幸いにも欧州はデジタル製品パスポートの義務化を提唱していることから、リマニ製品で利用されている部品の製造ロット番号やシリアルナンバーを再利用時にOCR等で読み込んでデータ化する工程が必須化される。再利用状況がデジタル製品パスポートによって把握できるのであれば、売り切った部品の二次利用価格、三次利用価格をあらかじめ決めておき、再利用する場合にリマニ品の製造事業者が部品サプライヤーに再利用料を支払う義務を課すルールを仕掛けておけばよいのだ。

完成品メーカーに対して再利用時に支払いを強いらせる契約を、個々の日本のサプライヤーが行うことは、交渉戦略として困難を極めるだろう。ゆえに、日本政府が世界中のサプライヤーを保護するという大義を掲げてルール形成戦略を進めることが有効である。

第3章

輸出規制をめぐる米中の攻防と日本の対応

坂本吉弘
安全保障貿易情報センター顧問（前理事長）

利光　尚
安全保障貿易情報センター参与（前理事）

Point

●国家安全保障を実現するには「力」が要る。その「平和を守る力」としての国力は、DIME、すなわち外交力（D）、情報力（I）、軍事力（M）、経済力（E）と言われる諸力の合成である。経済力を構成するうえで、現在決定的な要素は「技術力」であり、なかでも、デジタル社会の原動力であり、現代戦争の要として戦略的価値を有する半導体である。

●ソ連崩壊後のアメリカ一強時代に、「資本の論理」が幅をきかせ、「資本に国境は無い」との合言葉の下に、多くの製造業を中国にアウトソーシングした。そのことが、サプライチェーンの地理的変化につながるとともに、中国の製造能力の格段の強化と技術力の向上をもたらし、米国の猜疑と警戒を呼び起こした。

●本章では、冷戦終結後、米国の中国に対する認識と対応策についての一般的動向およびその変化を対象とする。それを背景に展開される技術的優位をめぐる競争、とりわけ半導体技術とその製造能力をめぐる動向、さらにはサプライチェーンの安全性に関する米国の政策についてその流れを追跡し、それに対抗する中国側の対応について触れ、最後に日本の対応を対象とする。

1　冷戦後の米国の対中国政策──エンゲージメント・ポリシー（関与政策）

①アメリカ一強時代の出現と対中関与政策

１９９０年代の初頭、冷戦の終結とともにアメリカ一強時代が出現した。同時に力を増した国際金融資本の「資本に国境は無い」との論理に沿って、多くの先進国の企業はコストの低い中国に製造部門を移し、中国が世界の工場となる素地をつくり、世界のサプライチェーンの大きな地理的変化が生まれた。

この時期の国際政治的背景として、米国をはじめ西側諸国において、冷戦を制した「市場経済と民主主義の勝利」への確信があり、中国の世界貿易機関（ＷＴＯ）への加盟支援など新興国中国の国際経済への参加を後押しする諸政策が推進された。対中関与政策は、この経済的側面からも見る必要がある。

中国の側でも、鄧小平の推進する「改革開放政策」において、「技術は第一の生産力」との考えの下に、米国の進んだ技術の導入によって、中国の長期的な力の増強を図ろうとした。

②米中関係の新局面「覇権国対挑戦国」

しかし、米国の期待通りに中国の民主化は進まず、のみならず「天安門事件」などを通じて胡耀邦、趙紫陽といった「改革派」が消え、中国共産党による支配の強化が進んだ。しかし、鄧小平は経済面に関する限り、果敢に改革開放を推進した。同時に、WTO参加を契機に米国の技術移転政策と国際的な対中投資の拡大による生産力移転を通じて、中国の技術力と生産力が格段に増強された。さらに中国政府は、2015年に「中国製造2025」を策定して、「製造強国」を目指すことを決定し、ファーウェイなど通信関連企業の競争力は米国を脅かすような存在となった。中国経済は、現在（2023年10月）、既に米国の経済規模の4分の3を超える巨躯となり、技術力の著しい進歩と相まって、米国の対中警戒感を強く刺激することになった。

2　トランプ政権の成立と対中国政策の劇的転換

①「エンゲージメント・ポリシー」からの転換

2016年「アメリカファースト」を掲げて登場したトランプ政権は、2017年12月の「国家安全保障戦略」、2018年1月と3月の「USTR報告書」、2018年6月の「通商製造政策局報告書『中国の経済侵略の脅威』」という三つの政策文書を公表して、中国を「修正主義勢力」

と位置づけ、WTO加盟は間違いであったとし、中国による経済侵略の脅威を強調した。同時に中国の技術、知的財産の窃取を指摘し、また、中国政府による中国進出企業に対する技術移転の強制、政府による米国企業の買収支援、サイバー攻撃等の不公正を批判した。

これらを背景として、ペンス副大統領は、その歴史的な演説のなかで、「1972年の国交樹立以来の対中楽観論を否定し、エンゲージメント・ポリシーの失敗と同政策からの転換」を宣言した。「新冷戦宣言」と言われる所以である。

②議会の動向

米議会も政権と軌を一にして、「中国に対する全政府戦略を指示する」として「国防権限法2019」を議決。このなかには、次の内容が含まれる。

- 「外国投資リスク審査現代化法」（FIRRMA）を挿入して、外国投資委員会（CIFIUS）の審査対象を「重大技術」に拡大するとともに、審査の厳格化を求めた
- 「輸出管理改革法」（ECRA）を挿入して、新興技術（エマージング・テクノロジー）、基盤技術（ファンデイショナル・テクノロジー）の禁輸国への輸出、再輸出、禁輸国内での国内移転の禁止を定めた
- 通信関連の政府調達の禁止。中国企業の通信、監視関連機器、サービスの禁止および中国政府の「所有、支配していると判断される企業による通信、監視機器、サービスの利用の禁止」を定めた。この措置は政府補助を受けている通信会社にも適用する旨を米連邦通信委員会（FC

C）が決定した

また、米議会は、米中経済・安全保障調査委員会（USCC）および大統領令によって、情報通信技術、ハイテク製品のサプライチェーンの中国依存を低減するため、リスクのある中国企業を排除し、自国および友好国に生産拠点を移転させることを提言している。

③人的交流規制その他の対中国対抗措置

米国政府は、学術界、留学生からの技術流出の防止を図るため、留学生に対するビザの発給期限を短縮し、学術界の外国からの資金受け入れを規制し、さらに中国の人材募集計画である「千人計画」への参加を制限した。また、米国資本市場からの中国企業の排除を目的として、米政府は、上場企業監査を受けない企業に対しては、上場廃止とした。

3　バイデン政権の成立と対中国対抗策

①基本認識——トランプ政権の対中国政策の継承、強化

バイデン政権も、「トランプ政権の中国に対する厳しい対応は正しく、支持する（ブリンケン

識を示した。

国務長官）」として継続、強化を表明している。バイデン政権は、「中国は国際システムに継続的に課題を投げかける唯一の競争国である」（大統領令「国家安全保障に関する暫定方針」）との認識を示した。

②議会の動向

上院が「2021年戦略的競争法案」を議決した。同決議においては、「中国国家主導の重商主義政策、権威主義的統治モデルなどによって、国際社会の平和、繁栄、自由を危険にさらしている」として中国を批判している。同法には、以下の内容が含まれていた。

- 知的財産権の窃取、サイバー関連の経済スパイなどに対する制裁の実行を求める
- 対中輸出規制について、同盟国などとの定期的な意見交換と、特に半導体に関する輸出規制、対内投資規制を各国間で共通化することを求める
- グローバル・サプライチェーンの多様化支援として、中国からの撤退、生産施設の移転を支援する

4　半導体をめぐる米中間競争

半導体の軍民領域における戦略的重要性にかんがみ、トランプ、バイデン両政権の下で、国家安全保障の見地から半導体の輸出規制、再輸出規制、技術流出規制および対内外投資規制が重点的に強化された。

同時に、同盟国、パートナー国との連携の下に、国際的なサプライチェーンの安全性を求めて半導体生産拠点の移転を促すとともに産業競争力の強化が図られている。

①トランプ政権下での半導体輸出規制

(ア)トランプ政権は、まず、輸出規制、再輸出規制（直接製品規制含む）に関する輸出管理改革法（ECRA）において、エマージング技術、ファンデイショナル技術に、先進半導体を含めることによって、輸出規制の対象とした

(イ)中国ファーウェイを「米国の外交上の利益および安全保障を害する実体（エンティティ）」として「エンティティリスト」に掲載し、英アーム、米シノプシスの半導体設計支援ソフトの中

国への提供を禁止した

(ウ)米国産半導体製造装置から製造される一定の機微な半導体のファーウェイへの再輸出も禁止した(直接製品規制)

(エ)半導体製造に必須のEDA(半導体回路設計ソフト、米国3社が占有)をファーウェイほか、エンティティリスト掲載により中国の学界、研究機関も使えなくした

(オ)中国最大の半導体受託製造企業(ファウンドリー)であるSMICに対する輸出を許可制にした。「中国の軍事用途への転用の容認し難いリスクがある」との疑いがあるためである。同社に対しては、これまでの「軍事エンドユース規制」に加え、「軍事エンドユーザー規制」を新たに設け、軍事関連企業に対する再輸出を、民生品を含めて規制対象とした

(カ)対内外資本投資の規制も実現した。「大統領令」により、中国企業による米半導体大手のクアルコム、ラティスセミコンダクターの買収が阻止された。また、「中国軍の所有、管轄下にある企業」の株式の売買禁止を定めた大統領令によってSMICの株式保有が禁止されている

(キ)米国内での半導体産業支援も始まった。「米国での半導体製造・研究開発拠点支援法」によ

って、半導体工場、研究施設、国防向け半導体生産等に連邦政府より多額の支援措置が講じられることになった。これを受けて、台湾ファウンドリーＴＳＭＣが米アリゾナ州に最先端の半導体工場を建設すると発表した

②バイデン政権下での半導体政策

バイデン政権下の半導体政策は次の通りである。

(ア)同盟国、パートナー国との緊密な連携。バイデン大統領は、包括的な外交演説のなかで、「米国の同盟関係は、我々の最も素晴らしい財産である」とし、同盟国、パートナー国との協力による多様で安全なサプライチェーンの形成を期する見地から、半導体製造、およびパッケージングのサプライチェーンのリスク評価と対応措置の報告を指示した

(イ)同盟国との政策の共通化。２０２１年9月米・ＥＵ貿易・技術評議会を開催。輸出管理、サプライチェーン強化、情報通信技術セキュリティ、競争力強化、新興技術標準等を協議しているまた、２０２３年5月20日に行われたＱＵＡＤ《クアッド》首脳会議では、「重要、新興技術設計開発に関する原則」を合意半導体のサプライチェーンの強化に取り組むことが提案された。

さらに、米国がオランダの半導体製造装置メーカーのＡＳＭＬに対し、中国のＳＭＩＣなどにＥＵＶ（極端紫外線）露光装置を販売しないよう要請したとの報道が出ている。実際、ＡＳＭＬ

はＥＵＶの販売を止めた模様である。

日本も半導体製造にかかわる優れた技術を持つ企業があり、米日蘭の3カ国は先端半導体製造装置の対中輸出制限について合意している。

(ウ)先端半導体製造のための先進的ＥＣＡＤソフトウェアと半導体材料を「新興・基盤技術」として輸出規制の対象とした。

③米議会の動向

(ア)米議会は、上院において2021年戦略的競争法案を可決した。その内容は次の通りである

●ウイグル族の人権抑圧に係る制裁を強化し、対米外国投資委員会（ＣＦＩＵＳ）の審査対象を拡大し、グローバル・サプライチェーンの多様化支援を推進する

●半導体製造装置を輸出制限対象である基盤技術（ファンデイショナル・テクノロジー）として対中輸出規制の完全な履行を要求する

●主要サプライチェーンの分野と特定のテクノロジーを対象に、対外直接投資について事前の届出を義務づける。投資の阻止やリスク軽減策を講じさせる

(イ)ＣＨＩＰＳ・科学法の制定

米議会はさらに、ＣＨＩＰＳ・科学法を可決し、米国半導体産業の競争力を抜本的に強化するため、半導体製造に補助金を支援することとした。ただし、補助を受ける企業は中国やロシアに

おいて微細な半導体生産のための拡大投資を10年間禁止されることになる。
また、同法では、政府調達禁止対象機器に中国製半導体を含ませた。

④半導体対中国全面禁輸（2022年10月強硬措置）の衝撃

米国は、2022年10月、対中半導体輸出に関して、全面禁輸という非常に厳しい措置を取った。その内容は次の通りである。

(ア)中国の先端半導体の開発、製造、使用に供される品目（米国の輸出規制対象品目）のすべてを禁輸とする（輸出規制、再輸出規制、同一国内での移転）

(イ)中国の半導体製造施設であれば、先端であるかを問わず、半導体成膜装置とその開発、製造に必要な機器、技術、ソフトウェアの提供を禁止する

(ウ)前記の措置においては、純粋な民生用エンドユースの場合も同様に禁輸とする

(エ)先端半導体製造関連について、米国企業、米国人が口頭を含む一切の技術提供その他の支援を禁止する

(オ)「直接製品規制」の強化と再輸出規制。米国製の半導体製造装置、自動設計ソフトを使って台湾、韓国、日本などで製造した専用、汎用半導体の中国向け輸出は、米商務省の許可を必要とする

⑤先端半導体分野での対中投資禁止

米国は、新たな大統領令によって、M&Aやプライベート・エクイティ、ベンチャーキャピタル、合弁事業による中国への半導体関連の新規投資を禁止。

⑥半導体産業の支援政策

「CHIPS・科学法」の実施のため、米政府は、半導体関連産業支援を目的として補助金520億ドルを用意した。また、インテルが主導して「半導体米国連合」が結成された。インテルは、「安全保障のためには、米国産のファウンドリーが必要」と主張している。

5　欧州連合(EU)の対中国輸出管理に関する基本認識

米国と並んでEU諸国も対中国との経済関係をどのように位置づけるかについて腐心している。

欧州連合を構成する国々は、中国との経済関係に濃淡があり、安全保障と経済の相互関係においていずれに優劣を置くか、EU内部で議論を重ねてきたところである。

最新時点におけるEUの対中国スタンスとしては、2023年6月末の首脳会談において、中国について「パートナーであると同時に競争相手であり、体制上のライバルである」と位置づけている。

そのうえで「デリスキング」の考え方を取り、重要物資の中国依存を低減する方針を明記した。ちなみに、「デカップリング」は米国の一部有識者が主唱し、米中間の「分断」を意味する言葉であるが、欧州各国としては安全保障面において、中国を警戒しつつも、中国市場との取引の重要性にかんがみ、「分断」を意味する「デカップリング」ではなく、リスクを低減する「デリスキング」を基本として中国との交易に処することとしている。

6 中国の対抗策

米国や欧州の中国に対する厳しい輸出規制措置等に対し、中国も対抗策を打ち出し始めた。しかしながら、新たな規制法令は明確性に欠けるところがあり、またその恣意的な運用などの可能性につき、懸念が払拭されていない。

①対抗諸制度の数々

米国における対中輸出規制の導入と逐次厳格化に対して、中国においても、米国の行動を「民主主義を隠れ蓑とする覇権主義」と断じ「愛国主義」と「反米主義」を前面に掲げて以下のような対抗策が導入された。

(ア)「信頼できないエンティティ・リスト制度」により中国の国家主権、安全、利益の発展に危害を及ぼす場合、あるいは正常な市場取引原則に反して合法的な権益に深刻な被害を与えた場合、貿易、投資の禁止、制限、ビザ発給の禁止制限を行うこととした

(イ)対外貿易法下の「輸出禁止、輸出制限技術リスト」を大幅に拡充し、ＡＩ、宇宙等先端技術の流出規制を強化した

(ウ)中国輸出管理法の施行により、中国製品内蔵品の再輸出規制、「みなし輸出規制」対象を拡大した。その内容は、ブラックリスト（規制顧客リスト）の導入等を柱とするものである

(エ)国家安全法にもとづき、「外国の法律および措置の不当な域外適用を阻止する規則」により、第三国企業に対する損害賠償請求、中国政府による報復措置等を規定した

㈵「反外国制裁法」施行で、中国への抑圧、差別的規制措置、内政干渉、主権・安全・発展の利益の侵害を行った相手に対する制裁を可能にした

㈶「データ安全法」の施行により中国国内で扱うあらゆるデータを対象に、収集、保存、使用、加工等の全過程を当局が管理することとした。そうすることで国家の主権、安全制度等に危害を加えることを防止することができる。ただし、本法に対しては、「情報封鎖状態」に陥るとの批判が中国内にさえある

㈷外国オフィス機器メーカーに対し、複合機などの設計、製造の全工程を中国で行うよう求める新国家規定案を制定した。この措置に関しては、諸外国から、事実上の技術強制移転ではないかとの批判が出ている（本件については、その後、見送りとの報道がなされている）

㈸外国貿易法にもとづく「中国輸出禁止、輸出制限技術リスト」が改正され、中国が優位性を持つ「希土の精製、加工、利用技術」が「輸出禁止技術」として追加された

㈹「中央国家安全委員会」を開催し、国家安全の徹底を指示した。諜報活動を行う国家安全省のトップにスパイ取り締まりの責任を付与した。企業情報検索サイトへのアクセスの制限が強化された

②中国輸出管理法

こうした対抗策のなかでは、2020年に施行された中国輸出管理法が特に重要である。このなかで、米国同様の「再輸出規制」や「みなし輸出規制」が盛り込まれている。

これら再輸出規制やみなし輸出規制については、日本は中国政府に対し、パブリックコメント等を通じて、その違法性の指摘や運用等の明確性を求めてきたが、新たな輸出管理法において課題は以下の通り未解決のままとなっており、恣意的な解釈の懸念が残る。

「再輸出規制」に関しては、明確な定義のないまま漠然と「再輸出」と言及されるにとどまっている。米国の再輸出規制同様の域外規制として、既に中国国外に輸出された管理規制品目の輸出先国から他国への輸出に対する規制まで想定しているのかどうかが明確でない。

「みなし輸出規制」については、米国の制度に近く、国籍ベースでの規制となっている。問題は、貨物と技術の区別がされておらず、また行為が行われる場所が中国国内か国外かについても言及されていないことである。したがって、中国国内の外商投資企業に勤務する外国人に対する技術情報提供が「みなし輸出規制」に抵触する可能性があり、社内技術情報管理にも影響を及ぼす。

さらに、「外国等に対する報復措置」の発動については、「国家安全や利益」の侵害が要件となっているが、本来の輸出管理規制の発動要件や基本精神からは逸脱したものである。

新たな中国輸出管理法は、米国輸出管理法に真っ向から対抗するという性格が露わに出ているが、規制そのものは不明確な部分が多く、恣意的解釈や不当なペナルティが課される懸念を払拭できない。

③中国の輸出管理の問題点

中国は2001年12月にWTOに加盟した。それ以降中国のGDPは10倍以上に膨らみ世界第2位の規模となった。WTO加盟が中国の経済成長の大きな原動力となったことは疑いがない。その一方でWTO協定順守に関し、経済的威圧や国家主導の非市場的なアプローチなど数々の懸念が他国より表明されるようになってきた。

WTO加盟に伴い、中国は国際レベルの輸出管理制度の整備を目指し、形式的には関連法体系も整備されたとしている。しかしながら、中国は、国際輸出管理レジームのうち原子力供給国グループ（NSG）*に参加するのみで、ワッセナーアレンジメント（WA）*、オーストラリアグループ（AG）*、ミサイル技術管理レジーム（MTCR）*のメンバーではない。

そのため、中国輸出管理制度は国際レジームに完全に依拠したものとはなっていない。すなわち、後者3レジームでの決定事項を反映する義務はない。中国ほどの貿易大国における輸出管理制度が多くの貿易先進国が共有する義務をベースとしていないことは重大な問題である。

また、中国の場合、法令は形の上で存在していても、それがどこまで輸出当事者に周知徹底されているかにも大きな疑問が残る。日本や欧米先進国においては、輸出管理法令が企業やアカデミアにおいて正しく理解される様に、アウトリーチなど種々の周知活動が行われ、企業やアカデミアにおいても自主的な研修が行われる。しかしながら、中国ではこのような徹底した教育活動が行われているとは言い難く、輸出者が最新の輸出管理法令を熟知し遵守しているとは思えない状況である。その結果、中国における外国企業は法令違反の見せしめとされぬよう特別な注意を払わねばならないとも言われる。

北朝鮮向け国連制裁決議に関しても、「瀬取り」行為をはじめとして数々の決議違反疑惑が指摘されるなど、中国が国際的合意事項を真摯に遵守しているのかについて、極めて透明性が低い。世界第2位のGDPを誇り、世界有数の貿易大国となり、しかも国連安全保障理事会の常任理事国でもある中国は、輸出管理において、その立場にふさわしい振る舞いと対応が強く求められる。

＊ 原子力供給国グループ（NSG）：核兵器開発、製造などに使用される汎用品・技術の輸出規制。1977年発足

＊ ワッセナーアレンジメント（WA）：通常兵器およびその関連の汎用品（いわゆるデュアルユース品）・技術の輸出規制。1996年発足

＊ オーストラリアグループ（AG）：化学兵器、生物兵器関連汎用品・技術の輸出規制。1985年発足

＊ ミサイル技術管理レジーム（MTCR）：ロケット、無人航空機等とそれらの関連資機材・技術の輸出規制。1987年発足

7 日本の対応

日本では、国際レジームに忠実に即した輸出管理法令が整備され、政府の厳密な制度運用と、企業における自主管理の普及、それに加え、官民の連携が高いレベルで実現しており、世界でも最高レベルの輸出管理が実現している。

昨今の米国による対中規制の強化やこれに対する中国の対抗措置など、輸出管理は難しい舵取りを求められる状況であるが、日本は高い理念にもとづき真摯な対応を続けている。

①日本の輸出管理制度の概要

(ア)日本の輸出管理制度の歴史と特徴

日本は、平和国家として、大量破壊兵器をはじめとする兵器やその製造、開発、設計および使用に関連する貨物の輸出や技術の提供について、国際的な協調体制の下に外国為替及び外国貿易法（外為法）とその関連法令にもとづき、厳格な輸出管理を行っている。

日本は1949年に発足した「対共産圏輸出統制委員会」すなわちココムの参加国17カ国（N

ATO＋日豪）のメンバーとして、輸出管理を実施してきた。ココムはその後44年にわたり、西側諸国による輸出管理の枠組みとして継続したが、1991年のソ連解体とそれに伴う東西冷戦構造の崩壊により、終焉を迎えた。

ポストココムの新体制として、1996年にワッセナーアレンジメント（WA）が成立した。このWAを基本とする新たな輸出管理体制は、ココム型輸出管理体制に対し、不拡散型輸出管理体制と呼ばれる。日本は当初からWAの加盟国である。

WAでは、加盟国が42カ国に拡大し、輸出管理対象国は全地域となっている。また、ココムでは加盟国独自の判断での輸出許可は原則認められていなかったのに対し、WAでは各加盟国の裁量での輸出許可が認められている。

日本は国際輸出管理レジームのWA、NSG、AG、MTCRすべてに参加している。

輸出管理は国際的な平和と安全の維持が本来の目的であるため、国際輸出管理レジームでは、どのような貨物や技術を管理すべきかを議論しているが、参加国はその結果を国内法として輸出管理を実施しており、日本においても外為法およびその関連法令に忠実に反映させ、これにもとづく厳格な管理を行っている。

日本の輸出管理において一つの転換をもたらしたと言われる事件が、1987年に問題となった東芝機械のココム違反である。ソ連向けの工作機械輸出がココム違反と見なされた。その結果東芝機械のみならず東芝グループ全体が米国から制裁を受け、会長、社長をはじめ東芝幹部が辞任するという重大な事態となった。

この事件以降、監督官庁である通産省は企業に対し輸出管理の自主管理を強く要請し、とりわけ輸出管理社内規定を重視し、その整備や登録を制度化した。企業側もこれに応え、輸出管理社内規定の整備に努め、官民が連携して推進する社内規定の整備状況とその実効性は、現在では世界有数のものとなっている。

(イ)安全保障貿易情報センター（ＣＩＳＴＥＣ）の発足

東芝機械事件を契機として、企業側から、輸出管理に関する官（経産省）と産（企業）の仲立ちの機能を持つ組織の設立を望む声が高まり、１９８９年に財団法人安全保障貿易情報センター（ＣＩＳＴＥＣ）が設立された。

ＣＩＳＴＥＣはその後、安全保障貿易管理の総合的専門機関として発展し、２０２３年10月時点で賛助会員数６６３社、大学会員数62校を数えるに至っている。その広範な活動は、産官学連携の模範的事例として海外においても「CISTEC Model」と称され高く評価されている。

②米国の域外規制に対する日本の対応

(ア)日本の基本姿勢

日本政府は、長年にわたり米国の域外規制の法的問題性、日本における過度な管理負担や実行面での問題、それに加え設計段階で米国原産品目を除外することによる米国製品不買の可能性などについて米国商務省に対して継続的に問題提起し改善を求めてきた。日本の輸出管理制度が原則特定国を対象とした独自規制は行わないことと、輸出企業が自主管理を徹底し事故発生を起こさぬよう努力し輸出管理の実効性が世界的にも最も高い水準にあることが、その背景にあった。

日本をはじめとして輸出管理制度が十分整備され健全に運用されている輸出管理先進国から、再輸出の管理は当該国に委ねるとともに、管理負担等について極力軽減が図られるよう要請してきた結果、一定の改善も逐次なされてきた。

㈑輸出企業の対応

このような状況の下、EUや日本政府が、国際法上も問題とされる米国域外規制を認めないという公的立場を取る一方で、輸出企業は米国域外規制に違反しないように慎重に自主的対応を行ってきた。域外規制違反のペナルティが現存すること、最悪の場合米国市場から排除されかねないという厳しい処分のリスクがその大きな理由である。

すなわち、米国域外規制に対する日本の対応としては、公的立場はともかくとして、輸出を実行する日本企業が基本的には米国法に多大な注意を払っていることから、結果的には米国の輸出方針に沿った形になっていると言えよう。そして、それは欧州においてもほぼ同じ状況である。

㈒対中規制の特異性

昨今の米国の対中輸出規制に関しては、その目的や厳しさが変質し、従来の域外規制とは異なる様相を示している。なかでも「米国製品が一切使われていなくても米国原産の技術やソフトウェアを用いてつくられた一次製品は米国製品と見なす」とする「直接製品規制」は、日本企業に多大な影響を与えることとなった。ファーウェイを対象とした域外規制適用がその典型例である。これまでテロ支援国などの一部の仕向け国向けの輸出について限定的な運用がなされるのみだった直接製品規制が、エンティティリストに掲載されているファーウェイおよびその関連会社向けに予告なく拡大適用された。その結果、ファーウェイ等に対して、デミニマスルール*に抵触することなく輸出していた日本企業も、その取引を突然停止せざるを得なくなった。

③最近の国際場裏での輸出管理の動向と日本の対応

(ア)不拡散型輸出管理の限界

WAに代表される不拡散型輸出管理が開始されてから、既に四半世紀が経ち、経済のグローバル化が進展し、経済相互依存度も向上した。一方で、技術動向や国際環境は転換点を迎えている。AI、量子技術などエマージングテクノロジーと呼ばれる新興技術、また半導体など基盤技術の軍事転用可能性が高まってきた。それに加え、中国の軍民融合政策に象徴されるように技術による軍事覇権を目指す動きも顕著となっている。

このような事情を背景として、既存の輸出管理レジームの一つであるWAでは、管理すべき貨物・技術の多様化が必要となってきている。

しかしながら、現実には、WAの参加各国の立場や意向が異なり、管理品目の追加に関する全会一致ベースの合意形成が困難となってきており、実態に適応した輸出管理が実施できないという問題が表面化してきている。不拡散型輸出管理の限界が指摘されるなか、共通の価値にもとづく国際的協調の必要性が認識されるようになり、それを実現する新たな枠組みの導入が欧米を中心に検討され始めている。

(イ)米国による対中輸出規制の強化

このような環境下、米国は2018年に国防権限法を制定し、エマージング技術などを独自に管理品目に追加する一方、中国の軍備増強を背景に独自の対中国管理品目を追加している。米国のこのような方針に関し、英国など欧州においても、米国同様レジーム以外の独自の管理品目追加が行われている。また、2022年10月には、半導体製造関連エンドユース規制、半導体・半導体製造関連のリスト規制、スーパーコンピュータ関連のエンドユース規制が施行され、中国への輸出を事実上禁止した。さらに半導体製造装置については、日本とオランダに同調を求めた。

＊ デミニマスルール：米国外で生産された品目のなかに、特定の稀少レベルを超えた規制対象となっている米国原産品が含まれている場合、当該外国産品目は米国の輸出規制対象となり、その第三国への輸出、再輸出、国内移転の際には、米国の輸出許可を要する

(ウ)日本の対応

日本は、外為法にもとづき、先端半導体製造装置関連の23品目を新たに貨物等に関する経済産業省令に追加し、２０２３年7月23日に施行した。これにより、ＷＡ参加国からロシア、日本を除き、台湾、シンガポールを加えた42カ国以外のすべての国向けの輸出の際は、毎回輸出許可を取得することが義務づけられた。合理的な規制方針に関しては米国に同調し、規制効果を確保する一方で、中国など特定の国を名指しせず全地域向けを対象とすることで迂回輸出などのリスクにも対応している点が、特徴である。

昨今の複雑な環境下、日本は中国から無用な反発を招くことのないように既存の国際輸出管理レジームを重視しながら、独自措置に依らぬ新たな機動的な輸出管理の枠組みを、イニシアチブを取りつつ追求していく必要がある。

【参考文献】

浅田正彦編（２０１２）『輸出管理　制度と実践』有信堂高文社

田上博道・森本正崇（２００８）『輸出管理論』信山社

ＣＩＳＴＥＣホームページ「輸出管理基本情報」

第4章

最先端の科学技術研究をどう進めるか

玉井克哉
東京大学先端科学技術研究センター教授

Point

- 21世紀の米中冷戦は、「技術覇権」をめぐる争いである。既存の成熟した産業知識を問題とする「技術流出」と異なり、人類がいまだ知らないフロンティアを開拓するタイプの研究については、頭脳の獲得競争が、技術覇権の成否を分ける。
- 中国は「千人計画」などの人材招聘計画により破格の待遇で有名研究者の獲得を図っているが、自由と人権を重んじる先進国にとっては海外移住の自由は体制の根幹であるから、その影響を完全に排除するのは難しい。米国の「北風作戦」も、失敗に終わった。
- しかし、民主的で風通しの良い日本に移住したい若手研究者は、アジアには多い。積極的な施策により、日本が自由世界のゲートウェイとなることは期待できる。具体的には、優れた研究者に特別な「STEMビザ」を発給するとともに、奨学金をつけ、さらに日本のインテリジェンス機関が立場を保障する「セキュリティ・シールド」の対象とすることである。これは、懸念国からの影響力工作の対象となる日本の研究者にとっても有益である。

1 安全保障における先端技術の意義

今日の米中冷戦がかつての米ソ冷戦と大きく違うポイントの一つは、軍事的対決とその抑止という古典的な競争だけでなく、軍事と国力を支える科学技術の水準をめぐる競争がむしろ重要だということである。米ソ冷戦は、世界規模に拡大したとはいえ、19世紀以来の「勢力均衡」の思考枠組みで理解することができた。しかし、今日の米中冷戦では、相互確証破壊戦略によって世界大戦の勃発を防止するだけでなく、戦争に至らない世界での「技術覇権」の方が重視される。百戦百勝ではなく「戦わずして勝つ」ことこそが最善だと孫子は述べたが、21世紀の世界では、自陣営による技術覇権の確保が鍵となる。

だからこそ、あらゆる兵器の制御を担う半導体が長期戦略の基礎とされ、先端科学技術の各分野での中国の急速なキャッチアップが危険視される。自由と民主主義と法の支配を重視する陣営は、同志国全体が連携して、権威主義国家との技術覇権競争で優位を保たねばならない。日本は、軍事的に大きな貢献を期待されれば辛いところがあるが、それとともに、あるいはそれに代えて、「技術覇権」をめぐる競争において不可欠の役割を果たすことを目標にせねばならない。

「技術覇権」をめぐる競争には、二つの側面がある。一つは、産業応用の段階に熟した先端的な技術への権威主義国家によるキャッチアップを防ぐ、という面である。「技術流出」の防止と呼ばれる。これについては次章で述べる。いま一つは、産業応用に未だ至らない、最先端の科学研究を世界に先駆けて進めるという側面である。人類がまだ触れていない知識のフロンティアを開拓することに当たる。これは企業が担うこともあるが、多くの国では、主として大学や公的研究機関が担っている。これについては、できあがった技術の流出ではなく、「頭脳流出」の方が問題である。この二つの側面は相互に関連するが別々の対応策を必要とする。本章では後者を扱う。

2　米国の「北風戦略」

①「盗まれる大学」

米国では、「技術覇権」をめぐる中国との競争において、大学が「最も弱い環《わ》」になっているとの問題意識が、2010年代から一般に持たれるようになった。産業応用の段階に達した技術については、次章で述べる通り、1990年代から、営業秘密保護という形で流出の防止が図られてきたのであるが、最先端の科学研究を担う大学は、もともと「科学に国境はない」ことを建前としてきたためもあって、対外的な秘密保持に不熱心ではないか、との疑いが持たれてきたのである（ゴールデン 2017参照）。

そのなかで問題視されてきたのが、「千人計画」などと呼ばれる中国の人材招聘計画である（「千人計画」は数ある人材招聘計画の一つにすぎないが、ここではこの呼称によって総称する）。外国の科学技術人材を他国が招聘するのは珍しいことではないが——日本のノーベル賞受賞者として数えられる人にも米国籍となった人が何人もいる——、中国の人材招聘計画に応募すると、次のような要求がなされるのが特徴だとされる。

(a)中国の法にのみ従うこと
(b)最先端の知識を中国政府や招聘元の中国企業のみと共有すること
(c)他の専門家を同様の立場に誘致すること

このなかで、(a)は、中国に渡航して研究を行う場合には当然の要求だと言えるだろう。だが(b)は、「科学に国境はない」との理念に、正面から反する。そして、これと合わさると、(c)は、中国のみが最先端の科学研究において卓越する可能性を追求するためだ、とされるだろう。

「千人計画」の特徴は、既に米国などで得ている職や地位を離れることなく兼任できるようになっていることである（その場合は(a)も大問題となる）。すなわち、米国の大学教授や研究者は、米国大学の知的財産、営業秘密、公表前の実験データ、研究手法、さらに米国の奨学資金にアクセスする地位を保ったまま、「千人計画」に応募できる。

米国連邦捜査局（ＦＢＩ）は、「千人計画」が知的財産権や営業秘密の侵害、研究情報の違法な漏洩、さらに輸出管理法違反の温床だとして、２０１０年代以降、これを問題にし始めた。その種の活動を放置すれば、他の研究者が研究成果を不当に奪われるばかりか、米国の納税者の資金で獲得された研究成果が外国のものとなり、ひいては米国の安全保障が損なわれるとして、問題視したのである。

②チャールズ・リーバー教授の蹉跌

こうした背景の下でFBIは、2020年1月、ハーバード大学の生化学教授だったチャールズ・リーバーを逮捕し、7月に起訴した。同教授は、32歳の若さでハーバード大学教授に就任したナノテクノロジーのパイオニアで、400本以上の研究論文を執筆して数々の受賞歴に輝き、ノーベル化学賞候補に取り沙汰されたこともある。50件を超える米国特許出願をも行い、2社のベンチャー立ち上げに参画した。学問研究と産学連携の両面において、文字通り米国科学界のエースの一人だったと言ってよい。逮捕当時は、同大学の化学・生物化学部の学部長でもあった。

リーバー教授の逮捕容疑は、米国政府職員への虚偽陳述である。研究資金を提供した米国政府機関が行った2018年の照会に対し、「千人計画」に参加したことはないし、打診されたこともないと答えたのであるが、実際には、2012年から15年まで、「千人計画」に参加して武漢理工大学に在籍し、月額5万ドルに及ぶ報酬を中国政府から得ていた。それを正直に述べなかったことが罪に問われ、連邦所得税法違反も問われた。

このケースでリーバー教授は無罪を主張したが、2021年12月に陪審が有罪と評決し、それにもとづいて、2023年4月に刑の言い渡しがなされた。2日間の収監、6カ月の自宅監視と2年間の保護観察という、日本の執行猶予に当たる軽い処罰だったとはいえ、罰金5万ドルと追徴課税約3万4000ドルも科された。有罪となった結果、リーバー教授は職を失い、研究グループのウェブサイトも閉鎖されている。

③司法省の「対中国作戦」

リーバー教授の逮捕と起訴は、FBIを含む司法省が2018年に開始した「対中国作戦」を象徴するものだった。「千人計画」による情報漏洩と知的財産権侵害が米国の脅威だとの認識の下に、FBIは、数千のケースを捜査対象としたと言われる。その結果、ウェストバージニア大学の教授が有罪答弁――処罰を軽くするのと引き換えに自己の有罪を法廷で認めることである――の結果3カ月の実刑となり、オハイオ州立大学の教授がやはり有罪答弁の結果37カ月の実刑（さらに380万ドルの没収・追徴）となった。

「対中国作戦」の状況を象徴するのが、マサチューセッツ工科大学（MIT）のチェン（陳剛）教授が2021年1月に逮捕・起訴されたケースである。その容疑は、エネルギー省に研究費を申請した際にかつて中国から研究費を獲得した事実を記載していなかったことが、重要な情報の隠蔽として詐欺に当たる、というものだった。だが、申請者の過去の実績を述べる部分は数ページにすぎず、同大学固体化太陽熱エネルギー変換研究センター（S3TEC）所長として膨大な実績を有するチェン教授が中国との関わりを記載しなかったとしても、単なる紙幅の問題として無理からぬものがあった。しかも、中国から研究費を獲得したのは当時のMITの方針にもとづいたもので、所長として職務を遂行したのに過ぎなかった。同教授の逮捕後にMITの学長や同僚教授らが擁護運動を展開するなか、2022年1月には、立件が見送られた。そして、翌月には、「対中国作戦」そのものが中止されたのである。

④「北風戦略」の結果

「対中国作戦」は、技術流出の防止という所期の成果を上げなかった。大規模な捜査にもかかわらず立件されたのは77件と少なく、しかも「千人計画」がらみのケースは19件にすぎなかった。しかもそのほとんどは、リーバー教授のケースと同様、中国との関わりを開示しなかった虚偽陳述などが起訴の理由とされ、営業秘密の漏洩や経済スパイ行為で起訴された事例は、1件たりともなかった。

だが、こうした刑事司法機関の活動と並行して、学術界内部では対中国関係「浄化」の努力がなされた。とりわけ、バイオ系の研究機関であり研究助成機関として世界最大の国立衛生研究所（NIH）が246名の研究者に対して詳しい調査を行った結果、103名が職を失い、50名近くが研究費申請資格を停止された。職を失った場合はもちろんであるが、NIHの研究費申請資格を停止されるというだけでも、バイオ系の研究者としてキャリアがほぼ終わることを意味する。

こうした戦略は、米国の科学技術にどのような効果をもたらしただろうか。リーバー教授は、職も名誉も研究環境も、すべてを失った。では、それは、米国を凌駕しようとする中国にとってマイナスだったか。まったくそのようなことはない。逆に、米国は、ナノテク分野のスターを社会的に抹殺し、科学技術力の低下を招いた。有罪となった他の研究者についても、同様のことが言える。ＭＩＴのチェン教授は最終的には救われたが、逮捕後の約1年間は、研究どころではなかっただろう。ＮＩＨの調査によって米国でのキャリアが終わった多数の研究者たちが新天地を求めるとすれば、当面、中国しかないのではないか。だとすれば、米国は、納税者の金を使った「対中国作戦」によって、ほかならぬ中国の研究開発力の強化に貢献したことになるだろう。

3　日本の法制度——外為法

最先端の科学技術研究の成果が海外に流出するのを防止する法制として、日本では、外国為替及び外国貿易法（外為法）が用いられる。同法は有体物の輸出管理の根拠法であるが、技術についても、次のように定めている。

(a)「国際的な平和及び安全の維持を妨げることとなると認められるものとして政令で定める特定の種類の貨物の設計、製造若しくは使用に係る技術」を、

(b)「特定国」の出身である「非居住者」に提供するためには、

(c)予め経済産業大臣の許可を得ておくことが必要であり、それを得ておかないと、罰則の適用がある（同法25条）。

これは、許可を得ておけばよい、という体裁になってはいるが、例えば「指向性エネルギー兵

器又はその部分品」（同条を受けた外国為替令17条、輸出貿易管理令別表第一）の設計や製造の技術を懸念国に提供することについて、許可が降りるはずはない。そして、許可を得ずに無断で外国のスパイなどに技術情報を提供すれば、罰則が適用されるというわけである。日本にはスパイ防止法がなく、外国のスパイ本人は処罰の対象ではないが、スパイに情報を提供した者は処罰の対象となるわけである。

もっとも、炯眼な読者にはおわかりの通り、この規制の対象は、(b)にいうように、日本国内に居住しない「非居住者」である。日本国内に半年以上居住する者は一律に「居住者」となるので、従来は、懸念国出身であれ何であれ、半年以上日本に滞在する留学生や研究者との間ではこの規制は及ばず、研究現場で外為法が意識されることはなかった。

しかし、経産省は、こうした法令を解釈する通達（「役務通達」）を改正し、2022年5月以降は、雇用契約の定めにより外国政府等や外国企業等の支配下にある者、あるいは経済的利益にもとづき外国政府等の実質的支配下にある者などは「非居住者」に含まれることとされ、そのような者に国内で技術を提供する場合も、日本国外に提供するのと同様だと見なして、規制対象下に置くことになった。国立大学にも、所管の文部科学省を通じて通知されている。

しかしながら、最先端分野の研究者に、留学生などが外国政府の「実質的支配下にある」かどうかを見抜く能力など、期待できるはずがない。最先端科学技術分野の研究者は、インテリジェンスのトレーニングなど受けていない。そこで、「解釈通達」は「ガイドライン」を設け、留学生などが教授などの指揮命令に服するようになった時点で自己申告をさせ、外国政府等の実質的影響下にあるかどうかにチェック欄を設けて、「該当しません」にチェックを入れた場合には、「通常果たすべき注意義務を履行している」ものとして責任を負わない、としている。

スパイが「外国政府の手先です」と自己申告しなければそれ以上のチェックは不要だというわけであって、それならば科学技術の研究者にもできるだろう、というわけである。なるほど、たしかにその程度ならば可能だろうが、単に煩雑な手間をかけさせて研究現場に負担を強いるだけで、実効性は極めて乏しいと言わざるを得ない。

4 どうすべきか――「頭脳流入」の促進策

①問題は「技術流出」ではなく「頭脳流出」

米国の「北風戦略」が失敗した原因の一つは、できあがった知識や技術の「流出」という観点に固執したことである。中国の努力は、先進国の技術に追いつくことだけに向けられているのではない。最先端の科学技術研究を自ら推進するのも、中国の課題だと見られる。法学者としての筆者の経験から見ても、この推測は正しいと思われる。

リーバー教授のような第一人者を招聘した際も、中国政府は、本務校のハーバード大学で上げたのを超える研究成果を期待していたはずである。そのために、最先端の研究環境を整え、ハーバード大学の若手をも凌ぐ英才を全中国から集めたと見られる。この推測が正しく、リーバー教授の持ち出したのがハーバード大学の保有する情報や営業秘密でなく、それを生み出す着想や研究手法――それはすべて、教授の頭の中にあった――だとすれば、ＦＢＩが懸命に捜査しても営業秘密の流出が見つからず、虚偽陳述と所得税法違反でしか立件できなかったのも、無理はない。32歳の若さにしてハーバード大学教授に就任したリーバー教授の才能と30年に及ぶ同大学での経験は、教授自身の身に付いたものである。懸念すべき流出としては、客観化された技術のほかに、最先端人材の「頭脳」そのものを念頭に置かねばならないわけである。

②頭脳流出を規制できるか

日本でも、２０２０年末の時点で少なくとも44人の研究者が「千人計画」に参加していたと読売新聞が報道した。東大、東工大、京大などの定年間近な有力教授を狙い撃ちし、潤沢な研究費、高額の給与、優れた研究施設、住居、日本語堪能な秘書などを約束し、中国人学生の育成や特許出願などを数年間担当するのが典型だという。問題点を指摘する報道がなされたためか、「千人計画」参加者の氏名は公表されなくなり、今日では、その実態は秘密のベールの向こう側にある。

さらに２０２１年9月、光触媒などの研究によってノーベル賞候補とされる藤嶋昭教授（東京大学特別栄誉教授、元東京理科大学長、文化勲章受章者）が上海理工大学に移籍すると報じられた。同大学は新たな研究所を設立し、藤嶋チームを中心に研究を進めるという。これもまた、既存の知識や技術の単なる伝授ではなく、日本の水準を超える研究成果を期待してのものであろう。

では、これを規制できるだろうか。藤嶋チームの移籍は、「国益に反する」と取り沙汰された。だが、外国に移住すること自体は、日本国憲法（22条2項）の保障する基本的人権である。自由で民主的で法の支配を重んずる諸国においては、権威主義体制諸国のように、国民の海外移住を制限することは、これと同様に難しい。もちろん、営業秘密の持ち出しなどがあれば別であるが、固有の知識や経験を買われて研究者が海外からの招聘を受けることは、憲法上も禁止できない。現職のまま「千人計画」に応募することについては勤務先の就業規則で制限できるものの、定年などで退職した場合には、それも困難である。頭脳流出に関しては、規制による対応は困難だというほかない。

③日本の途——若手研究者の「頭脳流入」

それでは、日本が対抗できることはないのか。一定の頭脳流出が避けられないなら、外国から日本への「頭脳流入」を図るしかない。とはいえ、「千人計画」のように、既に著名となった海外の研究者を一本釣りで招聘し、優れた研究設備、数億円の研究費、年間数千万円の給与、豪華な住居、さらには有能な秘書や補助者を約束するというのは、大規模な施策としては、現実的でない。それに、もしそのようなことが可能ならば、現に国内にいる日本人研究者こそ、まず対象にすべきだろう。

しかし、できることはある。それは、世界最先端を狙える分野を担う、若手研究者を呼び込むことである。米国では、「対中国作戦」の萎縮効果が依然として働き、中国人の若手を大学院生やポスト・ドクトラル・フェローに採用するのをためらう研究室が多い。それとは逆に、日本は、中国の若い研究者に広く門戸を開き、研究能力の高い者を大胆に受け入れるのである。

このような主張に対しては、「中国人研究者というのは、全員が潜在的なスパイである。それを幅広く受け入れよというのは、頭の中がお花畑の学者の発想だ」との批判が予想される。だが、「自由な国々は、中国から渡航して居住する集団がいることを、むしろ強みと受け止めるべきだ。彼らを中国共産党の干渉や偵察から守れば、彼ら自身で党の行動の是非について判断を下せるようになる」というのは、米陸軍の軍人としてアフガニスタンなどで従軍し、中将で退役して国家安全保障担当大統領補佐官を務めた、ハーバート・マクマスターの言である。「独占的な権力を掌握している党がそれを維持するために国民の統制に厳しくなればなるほど、国外居住者の集団は、表現の自由を認める社会に暮らすことの利点を一層理解するだろう」とも、彼は述べている。

東京大学での筆者の経験でも、専制的な体制下で暮らすのを好まず、自由な世界で自らの能力を伸ばすのを志向する留学生は、珍しくない。とりわけ、香港にはそのような学生が多い。そうした若手を受け入れ、日本の科学技術力を強化することこそ、日本のなし得る国際貢献である。

実際問題としても、単純に中国人研究者を排除するのは、われわれにとってマイナスである。海外、特に中国からの留学生抜きでは研究が成り立たないというのが、多くの理工系教授の実感でもある。他方で、たとえ国籍を基準に「潜在的なスパイ」として中国人をすべて排除してみたところで、現状では、日本人のなかから協力する者を見つけるのは容易だろう（残念なことだが）。中国人研究者に対する「鎖国」よりは「門戸開放」が望ましいと、筆者は判断する。

④STEMビザ

では、具体的にはどうするか。有望な若手研究者にとって日本を魅力的な渡航先にするには、(a)そうした研究者対象の在留資格を設け(「STEMビザ」)、(b)潤沢な奨学金をつけて研究に専念できる環境を確保する一方で、(c)日本の期待に沿わない場合には速やかに帰国させる、という仕組みをつくることが望ましい。

このうち、(a)については、研究能力のみで入国と在留を認めることにする。最先端分野の日本の研究者が論文などにもとづいて推薦した者については、その研究者の研究室で受け入れることを前提に、必要な能力ありと認めてよい。(b)についても、外国人向けの奨学金は文部科学省所管のものをはじめとして制度化されているので、そのなかで最も潤沢なものに準ずる形にすれば、生活の不安なく研究に専念できるだろう。

問題は、(c)である。従来、日本に居住するための在留資格と、その在留資格を用いて遂行される研究の成果との連動がなかった。そのままでは、STEMビザによって入国した者が研究に不熱心であったり、他の活動に熱心になったり、あるいは入国時の推薦の基礎となった研究成果が実際には遂行されていなかったりした場合には、速やかに帰国させないと、日本の国益をかえって損なうこととなる。この点は、次項「セキュリティ・シールド」とも関連する。

⑤「セキュリティ・シールド」

もう一つ必要なのが、日本国内にいる研究者の立場を保護することである。日本の科学技術研究を発展させるには、中国の影響を見るだけでは足りない。米国についても警戒する必要がある。

例えば、次のような構成の研究室がT大学にあるとしよう。

教授P（日本人、ナノテクノロジー研究の世界的権威）

留学生A（米国人、スタンフォード大学卒。米国科学財団の助成を受給）

留学生C（中国人、中国清華大学卒）＝「STEMビザ」の対象

大学院生J（日本人、東京大学卒。日本学術振興会特別研究員）

P教授は「科学技術に国境はない」との（それ自体はまっとうな）信念の持ち主であり、Pラボでは、最先端の研究成果について、常時意見交換をしている。

【問題1】しばしば意識される問題は、留学生Cが優れた研究成果を上げるやいなや懸念国の影響下にある者が接触し、研究成果が流出するというものである。中国共産党の規約では、同じ組織内に3名以上の党員が在籍する場合には「党細胞」を組織せねばならないという。T大学のような有力な大学には、「党細胞」が存在すると見てよく、たとえ留学生Cが元来はスパイなどでなかったとしても、中国の国家情報法にもとづいて研究成果の開示を求められると予想される。

【問題2】その半面として、そうした事態を察知したP教授が、技術流出を防止するため留学生Cに指導を行った場合などに、P教授を標的とした影響力工作が懸念国から行われる、ということも想定される。P教授の指導により研究成果をCから獲得できなくなるのであれば、懸念国に

とっての利用価値はない。そもそも日本で最先端分野の研究が進むことは、むしろ障害である。そこで、スキャンダルによってP教授を社会的に抹殺したり、影響下にある媒体に事実無根の不正を報じさせたりして社会的評価を低下させるなどの方法で、研究を妨害することがあり得る（国際政治や経済安全保障の研究者にも、同様の懸念がある）。

【問題3】さらに大きな問題は、P教授が留学生Cや大学院生Jを信頼し、その指導下に留学生Aと自由に意見交換をさせた場合、米国当局から「合衆国市民の税金を投じた研究成果がP教授の指導下に懸念国に流出した」と理解され、米国で開催される学会に出席するため渡航した際に、P教授や大学院生Jが困難な事態に陥る危険があることである。学会参加のため米国に渡航した中国人研究者を空港で拘束する手法には、実例がある。同盟国民を拘束した事例はまだ見当たらないが、ハーバード大学のリーバー教授を逮捕し、起訴して有罪にした米国司法省とFBIが、同盟国の研究者に遠慮するとは考えにくい。目下の筆者の最大の懸念である。

これらの問題に、大学や研究機関が独力で対処することはまったく不可能である。現在の外為法のように教授Pに責任を負わせてみても、最先端の研究者がインテリジェンスの素養を備えていることなど期待できないから、対応は単なる形式にとどまってしまう。そこで、日本政府として、例えば次のような策を講じておく必要がある。

STEMビザによって入国した者には、定期的にインテリジェンス機関と接触するのを義務づけ、【問題1】のような場合が生じたらどうすべきかを教え、実際に起こったときは直ちに報告させる。また、【問題2】のような事態に際しては、速やかに必要な調査を遂げて、社会に向けた情報開示を行う。さらに、【問題3】のような事態に際しては、係官を米国に派遣し、P教授などに問題がないこと、特に留学生Cとの関係については日本政府が監督していることを説明し、早期に拘束を解くよう説得する。

このような対策を講ずることで、P教授の研究室では、「科学技術に国境はない」との理念が実現する。P教授は安心して海外出張ができるし、留学生A、C、そして大学院生Jは、そこで上げた優れた研究成果とインテリジェンス機関との協力の実績によって、世界のどこにでも翔くことができよう。だが、逆に言うと、こうした対策を講ずるのでなければ、最先端の科学技術を国境を越えて研究することはできない。学問研究の自由という観点からは嘆かわしいことではあるが、それが、経済安全保障の時代の現実である。

【参考文献】

玉井克哉（2021）「経済安全保障とアカデミア」『学士会会報』950号、19〜23頁

D・ゴールデン（2017）『盗まれる大学　中国スパイと機密漏洩』（花田知恵訳、原書房、原著も2017年）

H・R・マクマスター『戦場としての世界――自由世界を守るための闘い』（村井浩紀訳、日本経済新聞出版、原著は2020年）

読売新聞取材班（2021）『中国「見えない侵略」を可視化する』新潮新書

“The China Threat. Chinese Talent Plans Encourage Trade Secret Theft, Economic Espionage”
https://www.fbi.gov/investigate/counterintelligence/the-china-threat/chinese-talent-plans

第5章

技術流出の防止

——産業面での秘密保護法制

玉井克哉
東京大学先端科学技術研究センター教授

Point

- 産業で応用されるタイプの技術が流出し模倣されるのを防止するために、営業秘密の保護が各国で強化されてきた。特に米国では営業秘密窃取は実刑となるのが普通であり、最近では、拘禁12年、14年、さらに20年などといった例がある。しかし日本は、米国で14年となるようなケースが執行猶予となるなど、「産業スパイ天国」となっているのが実情である。主権国家をバックにした営業秘密侵害が普通の犯罪とまったく違うことが理解されていないためである。
- 日本の別の問題は、組織犯罪に対してFBIが日常的に用いる「おとり捜査」、司法取引、そして通信傍受といった手段を当局が事実上使えないことである。
- また、経済安全保障推進法の導入した秘密特許制度（特許出願非公開制度）では、米国と異なり、秘密保持命令（保全命令）を受けた特許出願人にまったく何のメリットもない。秘密保持に対する補償金を手厚くすることが必要である。それにより、国の安危に関わる機微技術を特許出願を通じて買い上げる仕組みとして機能させることができる。

1　経済安全保障と技術流出問題

前章で述べた通り、「技術覇権」をめぐる競争には、二つの側面がある。一つは、人類がまだ触れていない知識のフロンティアを開拓する面で懸念国が成果を上げ、「先進国」の地位が揺らぐという面である。これについては「頭脳流出」が問題で、「頭脳流入」を心がけねばならないことは、前章で述べた。この章では、産業応用の段階に熟した先進的技術が権威主義国家に流出する問題、つまり技術流出の防止について扱う。こちらは、われわれの手許にある先進的な技術をいかにして秘匿するかという問題であり、産業面での秘密保護法制の機能が問われる。

この側面で主に用いられるのは、「営業秘密（trade secrets）」の保護法制である。営業秘密保護は各国で古くからなされているが、経済安全保障の面で、新たな脚光を浴びている（特定秘密保護法は、大騒ぎの末に成立した割には使い勝手が悪く、秘密保護法制としての機能はあまり期待できない）。さらに、秘密特許制度というのも諸外国に倣って導入され、日本でも運用が開始されつつある。

2 営業秘密の保護――日米の具体的な対比

①最近の事例

経済安全保障と技術流出問題に関わる教材になるようなケースが、米国で最近公表されている。

このケースの被告人Yは中国生まれであり、帰化による米国市民である。米国で化学工学の博士号を取得し、エンジニアとしてコカ・コーラ社に勤務し、飲料缶内のコーティングに関するテストを担当した。同社は、ビスフェノールA（BPA）を含まないコーティングに切り替えたいと考え、化学会社6社から素材の提案を受けたが、Yは、その提案内容を知り得る社内の数名の一人であった。

しかし折しも、中国政府は、海外在住の中国出身技術者を「千人計画」の対象にし、帰国を奨励した。Yはそれを利用して起業することを考え、威海金泓集団（WJG）と連携して「千人計画」に応募し、採択されて、起業資金を中国政府から獲得した。

2017年、Yはコカ・コーラ社を退社することになったが、退職の前日、取引先6社の秘密情報を自己のドライブに格納することに成功した。その後Yはテネシー州の別の会社に転職したが、2018年6月、その会社の秘密情報を自己のドライブにコピーしたことが発覚し、解雇された。通報を受けたFBIが捜査を開始して、事件となったわけである。翌2019年2月、Yは逮捕され、営業秘密窃取の共謀、7件の営業秘密不正所持、経済スパイの共謀と実行などを訴因として起訴された。陪審は、30日の審理の末に、2021年4月、起訴容疑すべてについて有罪の評決を行った。

②経済スパイ罪の成立――「千人計画」にもとづく起業の扱い

この裁判で、証言台に立ったカリフォルニア大学サンディエゴ校のバリー・ノートン教授は、中国政府が技術の獲得に「極めて高い優先順位」を与えており、千人計画のようなプログラムはその一環であって、技術を合法的に獲得できるかどうかは二次的な意義しかないし、「教育を受けた中国人ならば誰でも」それを知っているはずだ、と述べた。中国政府にとっては、技術を中国にもたらすのであれば知的財産権が誰に帰属するかは大きな問題ではなく、「中国人の経済的な利益の方が、どこかの外国企業の財産権などよりはるかに大事だ」というのが一般的な風潮だというのである。

米国では、一般に、人種的あるいは民族的な偏見に訴えかけることは合衆国憲法修正5条の保障した陪審審理の公正を損なうことになるとされ、それが審理結果に実質的な影響を及ぼすときは、審理のやり直しが必要となる。被告人Yは控訴審でその点を争ったが、ノートン証言は特に不公正ではないとして斥《しりぞ》けられた。

この証言にもとづき、このケースでは、コカ・コーラ社の取引先などの営業秘密を単に窃取した営業秘密侵害罪だけでなく、経済スパイ罪が成立するとされた。

経済スパイ罪というのは営業秘密侵害についての米国特有の加重類型であり、「外国政府、外国政府組織又は外国政府公務員」に「利益をもたらす意図」をもって営業秘密を侵害したときに成立する。被告人ＹはＷＪＧという現地企業と連携して起業したのであるが、その提携は「千人計画」に採択されたことにもとづくものであり、中国の地方政府や地方公営企業は中国政府により実質的に統制されているから「外国政府組織」にあたる、というのである。

③量刑の判断――米国基準での温情に満ちた判決

営業秘密窃取罪の最高刑は10年の拘禁、経済スパイ罪は15年であるが、その種の連邦犯罪については、具体的な量刑は「量刑基準」に照らして決められる。量刑基準はポイント制になっており、「基礎犯罪レベル」6点に加え、例えば被告人への雇用者などの信頼に背いた場合は2点、複数人が関与した場合に重要な役割を果たしていれば2点（5人以上の場合は3点）、秘密の外国送付があれば2点（経済スパイが成立すれば4点）といった具合にポイントを足していき、さらに被害額に応じたポイントを足して具体的な「犯罪レベル」を決めて、それに応じた標準的な量刑のレンジが決まるようになっている。

では、本件はどうだったか。被害額加算が大きかったため、第一審の裁判官は「犯罪レベル」が41点になると計算した。量刑基準は、それに応じた標準的な処罰が「３２４～４０５カ月」の拘禁だとしている。だが、裁判官は、１６８カ月、すなわち14年の拘禁を処断刑として選択した。

量刑基準の下限をさらに半分近くに減軽するのは異例であって、米国における連邦犯罪の処罰としては、稀に見る情け深い措置だったということになる。第一審当時56歳だった被告人を古稀に達するまで連邦刑務所に拘束するというのが、米国基準では異例の温情判決だというわけである（なお、控訴審は量刑判断のプロセスに問題があるとして事件を差し戻したが、たとえ第一審が再考した結果として計算上の被害額が大幅に減ったとしても量刑判断が基準内に収まることを判示している）。

④日本のよく似たケース

日本では、２０２０年10月に発覚した、積水化学従業員による営業秘密漏洩事件がある。これは、大手化学メーカーの従業員が、ＳＮＳで知り合った中国人女性に誘われて渡航し、勤務先の重要な技術を中国メーカーに開示したというもので、化学分野の専門家による犯行だったこと、中国企業の誘いに応じたこと、そして極めて重要な技術情報だったことなどの点で、類似している。しかも、コカ・コーラ社の事件が未遂・共謀で終わったのに対し、こちらは実際に情報が漏れており、既遂に達している。その点では、犯情はこちらの方が重いと言える。

結果はどうなったか。事件に臨んだ裁判所は、対象となる技術が「高いシェアを持つ製品に係る特殊かつ独自のものであり、これが流出した場合、被害会社が製造等している製品と同程度の品質のものが開発され、……シェアが奪われ、その営む事業に大きな影響を与える恐れがあった」と述べて、「刑事責任を軽く見ることはできない」とし、犯行を強く非難した。

では、被告人は重く処罰されたのだろうか。そうではなかった。判決は、これまで前科がなく、真面目なサラリーマンとして勤めてきた被告人を実刑にはできないとして、執行猶予をつけてしまったのである。そして、それではさすがに軽すぎると考えたのであろう、「一般予防の見地」から、特に一〇〇万円の罰金刑を付加する、とした。「一般予防」というのは、同種の他の事件が今後発生することがないようにするという意味である（大阪地判令和3年8月18日）。

二つのケースを対比すると、こうなる。私利私欲を図って重要な技術を中国に流出させようとした場合、米国では、未遂・共謀にとどまっていても、また稀に見る温情によって量刑基準の半分程度に減軽しても、14年の実刑となる。これに対し、日本では、既遂犯であっても執行猶予がついて収監はされず、わずか一〇〇万円の罰金で済むというわけである。

3 日米の営業秘密保護法制の違い

①表面上は似ている法制度

これほど大きな違いが日米間で生じるのは、双方の法制度に大きな違いがあるためではない。営業秘密の保護は日本では不正競争防止法で定められているが、平成27（２０１５）年改正により、法律の字面の上では、米国の経済スパイ法に遜色のない水準になっている。両者の違いは、日本では「未遂」の段階に達しないと処罰されないのに対し、米国ではその手前の「共謀」の段階で犯罪となること、また米国では狙いをつけた情報が実際には営業秘密でなかった（「ババ」をつかもうとした）場合でも犯罪が成立するという判例が確立している（日本では明確でないことくらいである。

こうした改革がなされた節目は、2012年、韓国ポスコ社が新日本製鐵（当時。以下「日鉄」と呼ぶ）の重要な営業秘密を長年にわたって盗み出していたことが発覚したことだった。その当時の法制では秘密を漏らした元従業員やポスコ社を刑事罰に問うことができず、日鉄は、専ら民事訴訟で闘うほかなかった。その訴訟はポスコ社が日鉄に300億円の和解金を支払うことで決着したが、まさに総力戦というべきもので、日鉄のような大会社が全力を挙げ、しかも数々の幸運な事情に恵まれていないと、民事訴訟だけでは営業秘密を護ることが難しいことを、関係企業に痛感させるものだった。それを受け、経団連などの財界が一致して法改正を政府に働きかけた結果、平成27年改正が成ったのである。

②日米の捜査手法の相違

では、何が違うのか。犯罪と刑罰を定める法律が似ていても、犯罪をあばくための捜査手法は、日米で大きく異なる。ＦＢＩは、もともと、禁酒法時代に暗躍したマフィアを標的に設立された。それ以降、米国の犯罪捜査、特に連邦犯罪の捜査は、プロによる組織犯罪を抑止するよう発展してきた。その犯罪組織は、武装し、強大な力を持ち、外国勢力と通じている。そのため、おとり捜査や司法取引が広く用いられている。

営業秘密侵害罪についても、加害企業が信用して2年間使ってきた「技術ブローカー」が実はFBIの覆面捜査官だったとか（United States v. Hsu, 3d Cir. 1998）、8年間も数々の営業秘密を漏洩してきた競合会社従業員がFBIの協力者に寝返っていたとか（United States v. Yang, N.D. Ohio 1999; 6th Cir. 2002）、おとり捜査の実例は多い。そして、なぜ当局側に寝返るかと言えば、本来よりも軽い刑罰で処罰することを約束して共犯者を自白させたり（United States v. Williams, 11th Cir. 2008）、不起訴を約束して捜査に協力させたりするからである（United States v. Yanjun Xu, S.D. Ohio 2022）。

こうした「おとり捜査」や「司法取引」を日本の捜査当局が使うことは、稀である。もっとも、前者については、「振り込め詐欺」に気づいた被害者が警察に連絡すると、そのまま取引きの場所に行って「受け子」の逮捕に協力するよう求められることがあるという。既に気づいたわけであるから厳密には詐欺の被害者ではなく、一種の「おとり捜査」ということになるが、広く用いられている。世論の支持があれば、日本の警察もやれるのである。

だが、2018年に導入された「日本型司法取引」は、ほとんど使われていない。営業秘密事件は、秘密情報が対象であるだけに立件が難しい。日米いずれでも「合理的な疑いを超える」水準まで犯罪の事実を立証することが当局には要求される。とりわけ、主権国家がバックについた組織犯罪については、おとり捜査、司法取引、それに通信傍受といった武器がないと、証拠の収集が困難である。

③量刑の重さ――厳罰主義の米国、寛刑主義の日本

先の二つのケースに端的に表れていたように、営業秘密侵害が発覚して有罪となった場合に科される量刑が、日米では大きく異なる。

米国の量刑基準を見ると、秘密情報の外国送付、複数犯の関与、巧妙な手段を用いた隠蔽といった加重事由があると、被害額が2万ドル程度でも1年半程度の実刑を覚悟せねばならない。そして、その被害額というのは、現実に生じた被害ではなく、犯人が意図した被害にもとづいて計算されるので、たとえ未遂に終わった場合も、コカ・コーラ社の事件のように標的となった営業秘密の価値が高いと、量刑が重くなるのである。さらに、経済スパイ罪が成立するときは、被害額が小さくても実刑相当だとされる。

実際にも、米国の刑事法廷で営業秘密侵害が立証されれば、実刑を免れることはまず期待できない。私企業間の営業秘密窃取事件でも、初犯の犯人に8年の刑を科したり（U.S. v. Williams, 11th Cir. 2008）、有罪答弁によって法廷で反省の意を明らかにした犯人に7年を超える刑が科されたりしている（U.S. v. Huang, S.D. Ind. 2011）。経済スパイ事件となると、15年超（U.S. v. Chung, 9th Cir. 2011）、20年（United States v. Yanjun Xu, S.D. Ohio 2022）といった、目をむくような重い刑罰が実例である。

これに対し、日本の裁判所が実刑を科すことは稀である。これまでで最も重いのは東芝の半導体技術を韓国ＳＫハイニックスが窃取した事件で、元従業員が5年の実刑となった。しかしそれ

とて、まったくの例外にすぎない。積水化学事件の裁判所のように、百万円の罰金で「一般予防」が果たされるというのが、日本の裁判所の感覚である。主権国家がバックにいるような事件で罰金刑に効き目があるというのは、あまりに楽観的である。実際、報道によると、積水化学事件の犯人は直後に華為電子に転職を果たしたという。その報酬がいくらだったかは報じられていないが、100万円程度の金は、直ちに回収することができただろう。「一般予防」どころか、似たような技術があれば、産業スパイは、米国より日本を犯行の場所に選ぶだろう。日本の裁判所は、国際常識をはるかに超える軽い刑罰によって、誘蛾灯のごとくに、産業スパイを日本に呼び込んでしまっているのではないか。

4 秘密特許制度(特許出願非公開制度)

①秘密特許制度とは何か

企業などが秘密として管理している情報を護るのが営業秘密保護法制であるが、特許出願の対象となった情報を国が主導して秘匿するのが、秘密特許制度（日本では「特許出願非公開制度」。以下、この節では、日本での呼称を括弧内に書く）である。米国が第一次世界大戦時に採用したのを皮切りに、世界の多くの国も追随してきたが、日本は第二次世界大戦後に廃止し、そのままになっていた。それを、経済安全保障推進法によって再度導入したのである。

もともと特許制度というのは、新たな技術を生み出した発明者が特許出願という形で発明を公開し、その代償として特許権が得られるというものである。特許権は強力な権利であり、発明者は、その気になれば特許発明を独占することができるが、特許権には期限があるので（出願から20年以内が原則）、期間を経過すれば誰もが自由に使うことができる。発明によって人類が得る利益の一部を特許権による対価として発明者に還元する仕組みだということができる。

実際、世界保健機関（WHO）が2年おきに公表している「人類にとって必要な医薬品」のリストは、そのほとんどを特許切れした新薬が占める。特許制度によって研究開発投資を回収できるからこそ、人類は、次々と新たな医薬品を手にしているわけである。その効果は大きい。

しかし、特許権は国ごとに設定されるので、特許出願された発明が外国で実施されても、対価を回収できるとは限らない。とりわけ、国家の安全保障に関わる技術が特許出願された場合、外国の軍隊がライセンス料を支払うことは期待しにくいし（発明を実施していること自体が秘密かもしれない）、出願内容が外国に伝われば、対価どころか自国の安危が脅かされることさえあり得る。米国で秘密特許制度が導入されたきっかけは、潜水艦に関わる技術がドイツに漏洩するのを防止するためだった。日本でも、国際原子力機関（IAEA）が某国を査察した際に日本の特許出願にもとづくウラン濃縮技術が使われていたことが、問題とされた。コロナ禍に際して一部の国が「ワクチン外交」を展開したことは、医薬品の発明でさえ武器として使われるという、残念な現実を示した。

それで、秘密特許制度（特許出願非公開制度）においては、特許出願された発明について、国防などに関係する政府機関が特許担当機関（特許庁）とは別に審査し（保全審査）、国防上公開すべきでない発明については秘密保持命令（保全指定）を発する。その対象になったものは通常の特許出願審査の過程から除外され、公衆の目に触れないよう、秘匿される。

秘匿対象の秘密保持命令（保全指定）が解除されると、特許出願の審査に戻る。特許権の成否は出願時点で決まる。その成立要件は、①新規で、②有用で（産業応用が可能であり）、③その技術分野の専門家にとって自明でない（容易に想到できない）ことであるが、秘匿対象となるような発明の多くはそれらを備えていると想定され、秘匿が解除されれば、通常は特許権が成立するであろう。こうしたアウトラインにおいては、日米で大きな違いはない。

②日米の大きな違い――発明の価値を市場から回収できるか

制度としての大きな違いは、秘匿されていた期間について米国では特許権の存続期間が無制限に延長されるのに対し、日本ではまったく延長されない、という点にある。

実例で説明しよう。夜間暗視ゴーグルの発明を海兵隊が使うとして、秘密保持命令（保全指定）の対象となり、それが20年にわたって続いた。だが民間で同種の発明が次々となされて普及し、いまやフクロウのような野鳥の観察にも用いられるようになったため、秘匿が解除された。これは米国の実例を脚色したものだが、米国の現在の制度では、秘匿されていた期間すべてについて特許権の存続期間が延長される。つまり、原則では出願から20年で消滅するはずだった特許権が、

40年も存続することになるのである。

その効果は絶大である。野鳥観察用ゴーグルを製造する他のメーカーから見れば、まったく知らない（国家により秘匿されていたのだから、知るべくもない）遠い過去の特許出願にもとづいて、海中から潜水艦が浮上するように突然特許権が成立し、自社の製品に対してライセンス料を要求してくる、ということになる。しかもその特許権は、20年も存続する。特許権者から見ると、広く普及し陳腐化した技術について、種々のメーカーに対して20年もの間ライセンス料を要求できる（野鳥観察用ゴーグルだけでなく夜間の自動運転などに応用されれば、多額のライセンス料が期待できる）。秘密保持命令の対象となった特許発明の対価は、秘匿解除後に、市場から十二分に回収できるわけである。

これに対し、日本では、特許権の存続期間は延長されない。出願から20年経過している以上、保全指定が解除されても、特許権が成立する余地はない。したがって、野鳥観察用ゴーグルのメーカーなどが不測の事態に直面することはなく、それによる混乱もないが、発明者は、自己の発明の対価を市場から回収するのを期待できないことになる。特許出願に対して保全指定がなされると秘密保持のためにさまざまな措置を取らねばならず、みだりに出願内容を漏洩すると処罰される可能性もある。そうした負担は大きいのに、将来への期待は少ないわけである。

③外国出願許可制度——第三国との関係

特許制度は発明の公開を前提にするから、どの国で特許出願を行ってもかまわないというのが原則である。例えば、砂漠でも育つ「耐塩性のあるイネ」を発明したとしても、日本国内で実施される見込みは低いから、日本での出願は行わないだろう（しかし、残念なことに、大学などでは、その種の発明を日本だけで出願する実例がある）。

だが、秘密特許制度（特許出願非公開制度）を円滑に運用するには、対象となる発明の外国出願を制限せねばならない。外国での出願を通じて他国に発明が漏洩するのを放置していては、制度が「尻抜け」になってしまうからである。米国でも日本でも、制度の対象となり得る発明については、事前に許可を得なければ外国に出願してはならないことになっている。

さて、今回の日本の特許出願非公開制度では、「日本国内で行われた発明」が外国出願制限の対象となる。米国でも対象が「合衆国内で行われた発明」なので、両国で歩調は合う。だが、そうでない国との間では、調整が必要である。

例えば、仮にA国が「A国人の行った発明」を対象にしているとすると、日本国内でA国人が行った発明はA国にも日本にも出願ができず、A国内で日本人が行った発明については制限がかからないことになって、いずれも不合理である。防衛装備品などについて、そうした可能性のある国際共同研究開発を行う場合、企業間の契約で対処できることには、限界がある。国家間の取決めによって取扱いを決めておく必要があるだろう。

5　日本はどうすべきか

①営業秘密保護法制

営業秘密保護に関してまず改善が必要なのは、日本の刑事司法における寛刑主義である。日本社会のなかから出てくる犯罪者の多くはもともと「真人間」であり、反省の機会を与えれば本来の正道に復帰する。刑事司法はそのような前提で運用されており、一般的には、それは正しい。よく保たれた日本の治安は、その成果である。だが、巨大な実力を備えた相手には、別の構えを取る必要がある。

犯罪を援助する組織で最も巨大なのは、主権国家である。犯罪の実行、隠蔽、逃走、そして対価利益の隠匿に国家が援助を与えるような局面で、個人が「出来心」で犯罪者となるのを前提とした手続きで臨んでいては、日本が「産業スパイ天国」になるだけである。筆者は最近台湾の半導体メーカーの営業秘密担当者にインタビューする機会があったが、「営業秘密侵害に対しては、刑事司法当局と緊密に連携するのが当社の方針である」と明言していた。刑事司法の緩さを企業がカバーせねばならない環境は、国外からの投資には適格でない。営業秘密保護が緩いままでは、最先端の技術が日本に移転されることは、期待しにくい。

②技術流出事案に関わる司法の体制

巨大組織を相手にする場合の捜査手法については、米国に学ぶべきである。おとり捜査や司法取引を全面的に認め、必要な場合には、適正な手続きを踏んだうえで通信傍受も認めるといった、テコ入れが必須である。近年、ＦＢＩは、外国組織に対抗するために同盟国に協力を求めるようになっており、現役スパイを逮捕する成果も上げているが、日本の場合、都道府県単位の警察組織が相手方となる。地方の警察組織が主権国家を相手とするのは背理であり、日本版ＦＢＩのような組織に担当させる必要がある。

さらに、刑事司法手続きに関しても、経済界の実情に通じた特別な検察庁が公訴の提起や公判の維持にあたり、知財高裁のような専門の裁判所が担当するといった、組織的な手当てが必要である。「前科がない」者を実刑にはできないというのは、一般の日本社会から生み出される犯罪者に適用すべき基準としては適切ではあっても、国家規模の組織にバックアップされた営業秘密事犯には、的外れである。営業秘密事犯は米国でもことごとく初犯である。だがその犯情は重く、技術に対する投資の回収を困難にし、狡猾な者に不当な利益をもたらし、日本の安全保障に関わる国益を損なう、このうえなく破廉恥な犯罪である。捜査・公訴・公判・判決のすべての過程で、そのような前提を置くように組織的にも対応せねばならない。

③特許出願を通じた機微技術の秘匿

日本は、民間から生み出された技術に関しては、企業などが自発的に営業秘密として管理するのでない限り、流出を防止する仕組みがない。仮にステルス技術や極超音速誘導弾の基礎技術が日本国内で開発されたとしても、それを懸念国に移転するのを有効に防止する法制度は、存在しない。

この欠陥を補うために権力的な規制を行うのは、ごく慎重であるべきだろう。しかし、自発的な特許出願非公開を使うことはできる。経済安全保障推進法は、その種の技術を保有する会社が、特許出願を行ったうえで、自発的に保全審査の対象にする仕組みを設けている。それに応じた国の側が補償金の形で潤沢な対価を支払えば、いわば機微技術を国が買い上げる仕組みとして運用することができる。米国の秘密特許制度とは大きく異なり、日本では、秘匿された発明の対価を市場から回収することはできないが、その半面として、補償金という形であらかじめ買い上げる仕組みにすることができるのである。

補償金の金額は個別具体的に決めるほかはないが、機微技術というのは、いったん外国に移転したら取り返すことはできないし、しかも有事に際して自衛隊員や民間人の生命にも関わる、重要技術である。それが漏洩しないことの対価という観点で、寛大な支払いを認めるべきであろう。これは、財政当局を含めた、日本全体の問題である。

【参考文献】

玉井克哉（２０１４）「米国経済スパイ法――刑事制裁を用いた『アメリカ経済の繁栄』のための制度間競争」『知財管理』２０１４年９月号、10月号

――（２０１８a）「米国の秘密特許制度について」『ＡＩＰＰＩ』63巻11号、９６２～９７９頁

――（２０１８b）「米国特許法における外国出願許可制度――秘密特許制度の外延とその実務的意義」『知財管理』68巻８号、１０８８～１０９５頁

――（２０１９）「防衛秘密と司法判断――米国判例に見る『軍産複合体』の一側面」『情報法制研究』５号３～17頁

――（２０２２）「特許出願非公開制度――機微技術の流出防止のための有効な手段となるか」『年報知的財産法２０２２-２０２３』15－27頁

――（２０２４）「米国経済スパイ法・再訪――主権国家による産業スパイ事件をめぐって」『信州大学経法論集』15号、掲載予定

Mark Schultz & Jaci McDole（2022）Essential Medicines and Patents. Recent Trends in the Latest Editions of the World Health Organization Essential Medicines List, Nov.2, 2020, available at:
https://geneva-network.com/research/essential-medicines-and-patents-recent-trends-in-the-latest-editions-of-the-world-health-organization-essential-medicines-list/

第6章

兵器の開発と技術の発展

西　正典
元防衛事務次官

Point

- 兵器はハード・ソフト両面にまたがる時代の最先端技術の結晶である。英戦艦「ドレッドノート」のように、その建造が自国に不利に働くリスクがあったとしても、時代の先端を走り続けようとする努力が各国の国防政策担当者に求められる。国の安危に関わる事柄には妥協や逡巡が許されない厳しさがある。
- 核兵器の出現によって軍事の理論と兵器の体系は大きく変化した。1945年以来の歴史を検証することで、我々が核兵器に対してどのような立場で臨むべきかについての示唆が得られる。米中露という核大国が鼎立する唯一の場所である北東アジアに位置する日本は、核に関する理論が従来の軍事理論とは隔たったものであることを理解しなくてはならない。
- 国防政策には各国の固有の事情が反映することは当然である。日本の置かれた地理的な意味と米国との同盟関係という条件を前提に、少子高齢化社会の到来という日本固有の事情を勘案して今後の防衛政策を考える必要がある。併せて世界市場を視野に入れた装備品開発手法が求められる。

1 国防政策のつくり方

①核兵器の登場

戦争は国家間の利害関係を調整する最終手段として使われてきた。欧州に壊滅的な被害をもたらした第一次世界大戦後においても、ヒトラーは軍事力を、政治意思を表現する手段として使い続けた。国策遂行のために軍事力を使用する典型と言える。

しかし核兵器の登場により戦争をすることのリスクは格段に上がった。米ソを盟主とした東西両陣営の対立が常態となった結果、戦略核兵器の応酬による滅亡の恐怖感が広まり、「国策遂行の手段」と考えることが難しくなったのである。1962年に発生した「キューバ危機」は、こうした恐怖感が最も具体的に現れたケースであった。この後米ソは核をめぐる対話に真剣に取り組むこととなり、現在でもなお核についての対話を行う下地は残されていると思われる。

超大国間の対話は信頼醸成に寄与する一方で、核兵器への認識をより精緻なものとすることとなった。米ソ間で構築されたエスカレーション・ラダーをどのように上り下りするのか、核による威嚇はどの程度許容される可能性があるかといった、極めてデリケートな心理戦を行う環境が整備されていったことにつながる。現在ウクライナをめぐる情勢のなかでロシアが核の使用を示唆して脅迫することを心理戦の一部に据えているが、米ソ（露）間で交わされた核についての長い対話がそうした手法を案出する一助となっていることは否定できない。

②国の事情に応じて立案

国防政策は国の事情に応じて立案される。国家として達成する目的が策定された後に国際関係に応じて外交関係が検討され、友敵関係が検証され、国防政策が立案される。ドイツ統一の過程はわかりやすい事例だと思われる。プロイセンが主導権を握るために普墺戦争でオーストリアを排除して北ドイツの統一を実現し、普仏戦争を通じて南ドイツも組み入れることによってドイツ帝国の形成が実現されていく。帝国成立後は、復讐心に固まったフランスを孤立させるために欧州各国との外交関係を調整するという努力が続けられた。こうした政策の下でプロイセン陸軍、後のドイツ帝国陸軍は、国策として指定された仮想敵国に対する戦争で勝利を収める目的で錬成されてきたのである。

国防政策のなかで所要の装備品を調達することは、軍事力整備のうえで必要不可欠なものである。軍側が必要と考えた要求性能をいかに実現するかということが、開発製造を担う工廠の責務であった。そのためには時代の先端的な技術を導入することが不可欠であり、兵器の発展をたどることは技術の裏づけを検証する行為ともなるのである。

具体的に主力艦と潜水艦のあり方を事例として考えてみよう。

2 新しい兵器の登場

①「ドレッドノート」の革新性――推進力の向上

1906年英国で革命的な主力艦が就役する。「ドレッドノート」と名づけられた弩級戦艦は、それ以前の主力艦を一挙に陳腐化させてしまった。本艦の意義を語るときには、主砲の数について説明がなされるのが常である。すなわち、本艦以前の「前弩級艦」では、主砲の他に副砲と各種の中間砲を装備することが一般的だったが、本艦では主砲だけに整理された結果「ドレッドノート」が30・5センチ連装砲5基(10門)搭載したのに対し、前弩級の主力艦「ロード・ネルソン」(1908年就役)は同口径の主砲を2基(4門)しか搭載していない。

このような差異が生じた背景について、推進力の向上と火砲の性能の向上の二点から分析すると、なぜこのような変革が可能であったか理解できる。

第一に推進力である。前弩級艦ではレシプロ型蒸気機関を使用していたのに対し、本艦ではタービン型蒸気機関が採用されている。具体的には「ロード・ネルソン」の1万6750馬力に対し「ドレッドノート」では2万3000馬力である。この差は当然速力に反映し、前者は1万7820トンでありながら18ノット(1ノットは時速1・852キロメートル)しか出せなかったが、後者では1万8110トンで21ノットと快速である。

小型高馬力のエンジンを搭載することは、艦型が同じ場合には速力差で敵艦に対し優位な位置を確保できるだけでなく、エンジンが占める容積が小さくなることによって他の用途、例えば主砲搭載数の増といったことが可能になる。

②「ドレッドノート」の革新性――火砲の能力向上

第二は、火薬の進化がもたらした火砲の能力の向上である。19世紀は火薬の進化が著しい。特に軍艦に重要なのは、1884年に無煙火薬が発明されたことである。それ以前は黒色火薬が装薬として使われていたため、砲撃のたびに黒煙で視界がさえぎられるとともに砲内に残渣が多く次弾装填まで時間がかかった。無煙火薬はこの二つの問題を解消しただけでなく、射程の延伸も可能にしたのである。前述の30・5センチ砲では約1万5000メートルとなった。

射程が延び発射速度が増したことにより、従来の砲塔ごと「独立撃ち方」では照準の修正に支障を生じるようになった。そうした問題を解決する新しい撃ち方が「一斉射撃」である。

敵を捕捉するための高性能の望遠鏡を有利な条件で運用するためには、高いところに設置することが必要になる。得られた目標についてのデータを低い所に配置されている砲のために高低差を補正し、望遠鏡と砲の水平方向の軸を一致させる。こうした計算をするために開発された機器が「方位盤」で、すべての砲を同時に発射するための引き金も方位盤に設置されている。二つの方法で実際に射撃した結果、命中弾の数が6対1、「一斉射撃」の方が圧倒的に優れていた。

相手を上回る速力で優位な位置にたち、相手に倍する主砲の数で「一斉射撃」によってより多くの命中弾を発射することができる、これが「ドレッドノート」の革新性であった。

3　潜水艦に見る運用環境の差異

①潜水艦の意義とドイツの例

Uボートの名で知られるドイツの潜水艦は、主力艦で優位に立つ英国に制海権を握られ続けた独海軍が採用した兵器であった。艦型が小さく潜水することができるため敵に発見されにくい、破壊力に優れた魚雷を搭載することができる、主力艦と比べて建造経費が安い、といった特性が挙げられる。劣勢な独海軍が英海軍に対して繰り広げた海のゲリラ戦の兵器と言えばわかりやすいだろう。両次の大戦で合計1500隻に近い数が建造されたが、損害も多かった。特に第二次世界大戦では、潜水艦部隊の死亡率がドイツ全軍で最も高いものであったという。

Uボートの運用は、当初は主として北海という浅い海であった。こうした環境から大きさも500トン程度、航続距離は2000海里（約3700キロメートル）に届かなかった。しかも浅い海では捕捉されるリスクも上がる。当時は浮上航行が常態で、潜航は襲撃時か敵の追跡から逃れるために限られていた。

独海軍は、探知されるリスクを下げることと戦果の拡大が期待できる大西洋への進出を企てた。しかしながら出撃経路の選定は容易ではない。最短距離は英仏海峡通過だが、英軍のコントロール下にあるため事実上不可能であった。残された航路は、英国を大きく迂回してスコットランドのはるか沖合を経由することしかない。つまり、航続距離を長くし長期間の作戦が可能なような船体が必要となったのである。

フランスやノルウェーを占領することができた第二次世界大戦では、ドイツはこうした場所に強固なUボート基地を建設して大西洋に出撃できる体制を整えた。こうした事情から、2000トンを上回る大きさで優に一万海里を超える航続距離をもつUボートも製造されるようになる。

制海権を牛耳られていたドイツにとってUボートはかけがえのない貴重な戦力だった。無論英海軍も無策だった訳ではない。特に第二次世界大戦中は技術の進歩により、新たに開発されたソナーやレーダーによる探知、諜報戦の徹底による動向の把握、そして対潜水艦攻撃用兵器の進歩により優位に立つことができるようになった。ドイツも、潜航しながらディーゼルエンジンの運転を可能にするシュノーケルの開発や、従来単艦で行動したUボートが3隻以上でチームを組み襲撃する「群狼戦術」の開発等ハードソフト両面で対抗した。

②日本の潜水艦の進化

ドイツの潜水艦と比べて、日本の潜水艦は異なった背景を持って進化している。第一に、太平洋という広大な海洋で行動することから航続距離が必要であり、第二に艦隊決戦のための補助兵力という作戦上の任務の付与がある。したがって建造される潜水艦については初めから、水上速力と雷撃力を重視し相対的に小型な海大型と水上機を搭載し航続力と偵察力に優れ大型の巡洋潜水艦の二系列で整備されていった。いずれの型についても共通しているのは航続距離の長さであり、二万海里を超えるものも珍しくない。

1943年に開発された伊400型は3万7500海里（6万9450キロメートル）、地球の赤道を1周半することができるという長大な航続距離を誇るものであった。同艦の本来の目標は、米国の政治経済の中心が位置する東海岸に対する攻撃だったという。戦局の悪化から、パナマ運河を攻撃し米海軍の活動を制約する作戦が立案された。結局いずれも実行されなかったが、「潜水空母」と称される技術的には類を見ない驚嘆に値する潜水艦が斬新な戦略にもとづき建造された意義は大きい。

主力艦には共通の尺度があったが、潜水艦は運用者の戦略と固有の事情により発展の形が大きく異なるものとなる。

4　核兵器が登場したことの意義

①革新的な兵器のジレンマ

革新的な兵器の登場は、それまでに築いた兵力を無価値にする。弩級艦の登場は軍事における技術革新の非情さを見せつけるものであった。英海軍の対独優位は前弩級艦の数による。「ドレッドノート」出現による陳腐化の最大の被害者は、それゆえ英海軍なのである。

私企業であれば、新技術の採用がもたらす社内のリスクやコストを考えて「慎重な検討が必要」と逃げを打つことがないとは言えない。しかし軍事においては、勝つか負けるか、という明快な結論によって考えざるを得ない以上、とりわけ20世紀初頭の英国のようにドイツと覇権をめぐる緊迫した関係に置かれた国にとっては、どのようなコストを払うものであれ、革新的な兵器を採用しないという選択はあり得なかったのである。

原子爆弾は、革新的な兵器がもたらす衝撃を如実に示すものとしてさらに重大であった。核分裂という物理学上究極の破壊力を生み出す兵器の開発に向けて各国が努力したことは、驚くに値しない。要は、そうした兵器が登場したことで従来開発されてきた各種兵器とその体系とがほとんど無価値になったと思われるような状況が生まれた場合にどのような対処が必要になったかを、検証することにある。

米国の核兵器開発を最も恐れたのはソ連だった。対抗する手段は核兵器しかないという理解から、開発のために諜報謀略を含むあらゆる手段を動員し、加えてソ連に味方した英米の科学者たちの自発的な協力によって、1949年に最初の原子爆弾がソ連領内で成功裡に爆発した。

当初の原子爆弾は、装備と配備のために高度に訓練された職員を必要としていた。運搬手段も大型爆撃機1機に1発しか積むことができないという、言ってみれば「使い勝手の悪い兵器」にとどまっていた。1950年代に行われた実験は、使いやすい兵器にすること、確実に爆発するようにすること、どのような環境でどのような爆発が起こるかを試すこと、そして、原子爆弾の爆発にさらされたときに軍がどのように反応するか、といったことについてのデータを集めることを目的としていた。

核兵器をどのように認識するかということも難しい課題だった。巨大な爆発力は戦場で使うには大きすぎることから、一般市民を虐殺する道具になってしまうという危惧は早くから示されていた。他方で、ソ連の脅威に対抗する超強力な兵器は不可欠だという考え方も存在した。原子爆弾が開発され性能の向上が図られる一方、水素爆弾の可能性が議論されるなかで浮かび上がったのは、巨大な爆発力とその結果生じる放射性降下物がもたらす被害だった。

②大量報復戦略と相互確証破壊

この兵器の巨大な破壊力を使ってどのように相手の行動を抑止するか、ということが重要だった。当初は大型爆撃機でしか運搬できなかったために、米国では１９４６年に戦略航空軍団が創設され、命令下モスクワを攻撃できるように24時間航空機を飛ばし続ける体制を取った。

「大量報復戦略」理論の誕生だが、「米国は戦争を望まないがソ連はそうではない」という米国側からする一方的な抑止の認識は、技術の進歩により運搬手段が多様化するにつれて覆されることになる。ソ連による報復の危険が理解されるようになったことから、「相互確証破壊」理論が生まれる。一方が攻撃すれば相手の反撃を招き共倒れになるだろう、しかし人間の理性はそうした悲劇を回避する方向に動くのではないか、という冷静な論理と感情的な恐怖とが交錯する理論として結実する。

英国のチャーチルが「物事が悪くなればなるほど、もっと良くなる」と皮肉ったように、相互破壊の危機が大きくなればなるほど核兵器を使用することができないために世界はより安全になる、というパラドックスが理論の本質であった。

米ソ間での緊張感が現実に試されることになったのが、１９６２年のキューバ危機であった。米国の首都を狙うソ連の核ミサイル基地建設の計画に対し、米国政府は政策決定に苦しむこととなる。この事件は、直接対話のチャンネルを確保する必要性を米ソ両国に理解させることとなり、初のホットラインの開設や部分的核実験禁止条約の締結などの形で「軍縮」という新しい方向を模索させることとなった。

こうした動きは同時に、第二次世界大戦後の世界は米ソを中核とする二つの陣営に分かれ（非同盟という第三極も存在するが）、軍事理論も各国の国防政策も両リーダー国の方針に則した形を取らざるを得ないという現実を見せつけるものであった。米ソ両国が巨大な核兵器を頂点とする兵器体系を整備し、他のいかなる国もそれに追随することができないために、西側の同盟国では米国の戦略を補完する形での軍事力が整備されていく。日本も例外ではなかった。

5 技術の進歩がもたらした変化

①使い勝手の悪い兵器

原子爆弾の開発が安全保障理論に何をもたらしたのか。本章で注目するのは、技術の進歩とそれが安全保障政策とに与えた影響にある。

原子爆弾開発当初にその爆発力の恐怖を理解したのは、作業に従事してきた科学者の一部にすぎなかったし、その感情が理解されるようになるにはかなり長い期間を要した。政治家や軍部からすれば、1機の爆撃機と1発の爆弾とで大規模な戦略爆撃を行うことができるようになった、という新兵器を歓迎する反応が主であったことは当然だろう。

しかし、ソ連が追随しさらに水爆まで開発された結果、放射性降下物の被害の深刻さを理解しつつも、相手に優位を渡すまいという考えから爆発力の巨大化が進み始め、ついに世界を三度破壊するに足るだけの力を両国で保有するまでになってしまうと、キューバ危機の教訓などもあり世界の人々に懸念を抱かせるようになったために、核兵器とは使い勝手の悪いものとなっていく。

なぜ巨大な破壊力を持った兵器が必要になったのだろう。

②何かを破壊するという軍事目的

それは、何かを破壊するという軍事目的を達成するためである。

第二次世界大戦中の戦略爆撃のように、破壊すること自体に目的がある攻撃を除けば、何らかの目標を破壊するというピンポイントに絞り込むことで目的を達成することが可能になる。

十分な破壊力のある爆弾をピンポイントで目標に命中させるという夢を実現させる誘導爆弾の開発は第一次世界大戦の頃から始まっていたが、最初の成功例はベトナム戦争で使用されたレーザー誘導爆弾だろう。交通の要衝にあったタンホア鉄橋に対して、米軍は4年間で1000回を超える空爆を実施し7万トン以上の爆弾を投下したにもかかわらず破壊することができなかった。1972年5月、新しい爆弾はこの橋の破壊に成功した。

ピンポイントに命中させることができれば、そして期待した破壊効果が得られるのであれば、無駄に大きな爆弾をつくることは必要ではなくなる。技術の進歩により1970年代以降照準の精度は飛躍的に向上し、大陸間弾道ミサイルであっても驚くほどの精度で目標に命中するようになった。7年間に60億キロメートルの飛行を終えた後に目標地点にパラシュートでサンプルの入ったカプセルを投下した小惑星探査機「はやぶさ」の例を考えれば、こうした技術が想像を絶する進歩を遂げてきたことが理解できるだろう。

③開発当初の課題に戻る

結果的に核兵器をめぐる課題は、使いやすい兵器にすること、十分な破壊力を得られること、間違いなく命中すること、といった条件を達成したことで、どのような運搬手段を整備することが必要かという開発当初からの課題に戻ることとなった。

当初は、大型爆撃機による水平爆撃という手段が取られた。爆弾としての小型化が進むにつれて、1959年には地上発射型の大陸間弾道ミサイルが、翌年には潜水艦発射の弾道ミサイルが実用に供される。こうして核の運搬手段として、「爆撃機」「地上発射」「潜水艦」の三つが整備されるようになった。

それぞれの方式については、使い勝手や命中精度、飛距離や残存性など様々な特性があり、どれか一つが抜きんでた特性を持つというものではない。米国はこの三つの方式で運搬手段を確立しておりソ連(ロシア)もほぼ同様である。他方中国は地上発射に大きく依存しており、潜水艦とそれに搭載するミサイルについては、南シナ海から米国本土を狙うことができる最新型の開発が進んでいる。2022年米海軍は、同潜水艦の配備がなされたと発表した。

6 日本の防衛政策

①変わる米国の安全保障政策

第二次世界大戦に敗れた日本は、それまでに築いてきた兵器体系をすべて失った。「核兵器」に対しても何のイニシアチブを取ることもできなかった。西側陣営に属し、中ソという大陸に所在する勢力が太平洋に進出する道を地理的な利点を活用して封殺する、というのが、講和条約締結後の日本の役割であった。

こうした状況は、ニクソン政権が発表した一連の政策により大きく変化し、今日に至る防衛態勢の整備につながっている。第二次世界大戦の被害から世界が復興し米国の優位が相対的に低下し始めたこと、ベトナム戦争の負担が米国を疲弊させ始めたこと、そして、中ソ間に亀裂が見えたことから、米国の政策は政治・経済・軍事にわたり大きく転換した。

第一は、中国との関係正常化である。これによって従来中ソ両国を対象としていた軍事力の規模を引き下げることが可能になった。

第二は、金とドルとの兌換の停止である。米国経済を揺るがすドル危機のリスクを排除しようとした。

そして第三は、ベトナムから撤退しようと決意したことである。併せて米国は日本とドイツ（西ドイツ）という敗戦国に対して、経済復興に見合った安全保障上のコスト負担を迫った。

第二次世界大戦後、米国は世界各地に兵力を展開することで同盟国とのコミットメントを維持するとともに影響力を保持してきたが、現在その最大の兵力は日本にある。NATOが欧州正面の安全保障の枠組みを定めそのための兵力展開を支えているように、日米安保ではインド太平洋方面の策源地としての日本の意義が確認されているというのが、この条約の今日的な意義であろう。

②日本の防衛力整備の方向性

日本の防衛力整備は、こうした方向性に即して進められているが、打撃力はあくまでも核戦力を中核とする米国の能力を中心に据えている。日米間で米国の拡大抑止の意義が繰り返し確認されてきたのもそのためである。

日本が位置する北東アジアは、米中露という突出した核戦力を保有する3カ国が直接対峙する世界で唯一の場所である。冷戦が始まる以前に採択された憲法では自衛隊についての記述がないにもかかわらず、1950年の警察予備隊創設以来自衛権は主権国家固有の権利であり「必要最小限」の防衛力を整備することは憲法上問題がない、という考え方によって防衛力の強化が進められてきた。1970年代に採択された「防衛計画の大綱」と「日米防衛協力のための指針」は、こうして進められてきた日本の防衛力整備のあり方と方向性とを明確にしたものであった。

7 日本に求められる兵器体系と技術

①誰が新しいデザインを描くか

冷戦終了後日本は地理的特性に依拠した防衛政策を超えて新たな模索を始めた。ペルシャ湾へ掃海隊を派遣し部隊を海外に展開することが始まり、湾岸地域の海賊対処のためにジブチに必要な部隊が維持されるようになったことで、日本と中東地域との間で自衛隊が常続的に往来している。

これに加えて、中国の軍備増強と北朝鮮のミサイルの脅威とに対応するために、弾道ミサイル対処の能力などの新たな防衛力整備が進められ、そのなかには長射程のミサイルを導入することによる打撃力の確保も含まれる。こうした兵力の運用に必要となる情報収集と指揮統制の能力、さらに米軍と連携することで運用の効果を増大させるために必要な通信の確保も同時に進められている。

その時代の最新の技術を集積することで兵器はデザインされる。兵器について新しいコンセプトが生まれると各国はそのコピーを行うが、肝心な点は「誰が新しいデザインを描くか」という点にある。

第二次世界大戦後は、米国が核兵器を開発したことによって、新しいデザイナーとして世界の軍事理論と武器体系の整備とを進めてきた。それは単に兵器のデザインにとどまらず、核を中心とする新しい戦略のデザインを提供することにもなった。

西側陣営では、各国が米国の核抑止に依存するとともに米軍の活動を支援する役割を求められてきたことで、米国が開発した兵器体系が防衛力整備の基本として各国で認められてきた。言い換えれば、米国の提示するデザインから離れて新しい戦略を構想する能力が低下したことにもなる。

ソ連の崩壊によって冷戦が終わり湾岸戦争のためにユーフォリア（陶酔感）が消滅した頃に、米国から「Revolution in Military Affairs」という考えが提唱された。軍事における新しい考えが既に芽生えており、それに気がつかなければ10年、20年の先に苦渋を舐めることになりはしないか、という問題意識の提唱だった。

米国は、こうした問題意識について議論する機会を求めたが、多少なりとも関心を示した国はロシアと中国であったと米国の研究者から打ち明けられたことがある。つまり、独自戦略の必要性を感じていたのは、米国が開拓してきた戦略と距離を取らざるを得ない国だけだったということになる。

このような戦略環境下にあっては、独自に開発された兵器であっても米国の兵器との間でインターオペラビリティ（相互運用性）を確保しなければ円滑な部隊運用を期待することはできない、という共通認識が米国を中心とした陣営で共有されることになる。米国の製造する兵器がグローバルスタンダードのような扱いを受けざるを得なかった理由でもある。

②局地戦とゲリラ戦への対応

核兵器の登場とその巨大化とにより、冷戦構造の枠のなかで一度はかすんでしまった通常兵器による局地戦は、冷戦終結後かえって息を吹き返しつつある。

破壊力の巨大化と抑止概念が精緻なものとなるにつれて、核は使いにくい兵器となってきた。とりわけ冷戦構造が終結することで地域紛争が再来し、通常兵器による戦闘が広く行われるようになったことで、個々の国の安全保障環境の特性に根ざした兵器を開発することの意義が改めて注目されているのではないだろうか。

米軍に対するゲリラ戦を通じて即席爆発装置（ＩＥＤ）、が幅広く使われるようになると、これに対する防護の方法も急速に開発されざるを得なかったように、兵器の開発には時に思いもかけない着想から誕生するものがある。

ウクライナにおける戦闘の状況を見れば、サイバー空間での角逐や最新技術を使った情報収集や欺瞞工作が行われる一方で、第一次世界大戦を彷彿させる塹壕が威力を発揮し、その攻撃にドローンや無人機という最新兵器が幅広く活用されている。そしてロシアによる核を使用するという威嚇は、決して止むことはないだろう。

③一歩進んだ無人化と今後の課題

日本における兵器体系は、米軍との共同を前提に構成されてきた。こうした方向性は、両国間の安全保障上の協力を続けるために今後とも維持されなくてはならない。他方、日本固有の事情として、少子高齢化の進展に伴う人的資源の制約が挙げられる。各種兵器で既に省人化の工夫がなされているが、今後必要となるのは一歩進んだ無人化に他ならない。

無人兵器を正確に運用するためには当該機器の知能化が必要となるだけでなく、間違いない運用を保証するために必要なデータを取得するためのセンサーとそこから得られた情報を流通させるネットワークのなかにそうした兵器を位置づける必要がある。ネットワークのセキュリティとデータを迅速確実に送るプロトコルの開発も必要となるだろう。しかもそうしたネットワークは日本の防衛に必要となる地理的な範囲をカバーするもので、常時正常に稼働することが求められる。

併せて必要となるのが、戦闘に従事する者の保護である。単に攻撃を受ける可能性を下げるだけではなく、十分な防護を考えるとともに、勤務環境の改善が求められる。歩兵1人が運ぶことができる重量には限度があるが、装備させたい機材の重量がそれをはるかに上回るということは、世界の陸軍に共通する笑えない現実である。人間の身体機能を補助するメカニズムが幅広く研究されていることも、そうした事情をうかがわせるものである。

主力艦開発の事情で説明したように、兵器とは多様な技術の組み合わせであり、最新の技術を斬新なデザインのもとに統合することで革新的なものが登場するようになる。今後日本で必要となるのは、防衛の現場が幅広く理解されることと、そこで生じている問題の解消のための技術の開発と応用に他ならない。

そうした新規装備の設計に際しても新たな視点が要る。長らく日本では自衛隊を唯一のユーザーとし、運用する側と意見交換を重ねて設計を進めたが、そうした手法では数値化した説明が難しい。今後世界のマーケットを考えた場合には「説明可能な設計」であることが必要となる。併せて自衛隊向けのハイエンドを一気に作り込むことも考え直す必要がある。輸出仕様と自衛隊仕様の両様に配慮し、共通するレベルまでの設計とその後の差別化の管理の手法が求められる。

課題は多岐にわたる。

第7章

防衛技術研究開発戦略はどう転換すべきか

渡辺秀明
防衛技術協会理事長（元防衛装備庁長官）

Point

●技術の優劣は、戦闘の勝敗を決するため、世界各国は、「いかに優れたAIや量子技術などの先進民生技術を防衛装備に導入するか」に注力している。米国は、先端的な民生技術を取り込むため、DIU（国防イノベーションユニット）を設置している。中国は軍民融合政策を推進し、民間ハイテク企業等のデュアルユース技術を強化し、防衛および経済の増強に努めている。欧州各国もNATOおよびEUを中心に、先進デュアルユース技術の育成に励んでいる。

●日本においても、2022年に策定した安全保障戦略で、防衛研究開発力の大幅な強化に努めることとしており、先進的な民間先端技術を導入するとともに、先端技術を専門に研究する新しい組織の構築を2024度予算（要求）で示した。しかしながら、この実現にあたり、日本全体の科学技術力の低落傾向は大きな問題である。科学技術者（特に防衛関係者）不足は深刻であり、科学技術者の処遇改善を含む抜本的な措置が必要である。

●今後、民間社会および防衛には、無人化・自律化が求められ、その核心はAIチップになるが、日本のAIチップの存在感は希薄である。国産AIチップの開発・普及に成功すれば、産業競争力および防衛力を大幅に強化できる。

防衛技術は2000年までは、火器・弾薬、戦車、戦闘機、ミサイルなどの軍専用技術が主役であったが、2000年以降は先進民生技術が主役となり、軍専用技術は脇役となった感がある。2000年頃に一般社会でもIT革命が起こり、それ以降、先端技術は民間企業などの手によって圧倒的なスピードで進展し、経済・防衛を支える基盤ともなっている。

こうした民間先進技術の進展は早く、各国の経済力・防衛力の地位を大きく変えている。中国は、そのなかで最も大きな進展を示した国家である。この章では、主として、各国の防衛技術戦略、先端技術戦略を概観し、どのような変遷を経て今日に至ったかを説明し、今後日本が何をすべきかについて考察する。

1　米国の国防科学技術戦略の変遷

①スプートニク・ショックとDARPAの設置

米国は、第二次世界大戦中のマンハッタン計画に象徴されるように、優れた技術は国が自ら開発する方針であった。このため、各軍はそれぞれ、複数の研究所（NRL〈海軍調査研究所〉等）と開発部門を有し、軍に優れた人材を集めて研究開発を行ってきた。しかし、1950年代に宇宙開発競争でソ連に大きく後れを取った。いわゆるスプートニク・ショックである。

スプートニク・ショックをきっかけに、米国は革新的な技術を開発するDARPA（国防高等研究計画局）を発足させた。DARPAは、一般の軍の研究所とは異なり、プロジェクトマネージャー（PM）を公募し、PMが研究を管理する方式を取っている。DARPAは、これまで、インターネットおよびGPSなどを開発し、大きな成果を上げてきた。国防総省が防衛技術・装備を開発し、その後、民間へ転用（スピンオフ）することが常態化していった。

② Joint Vision 2010（デュアルユース技術の活用）

1990年代のPCおよびWindowsの発展によって、状況が一変した。2000年前後には、民間におけるIT技術が飛躍的な発展を遂げ、インターネットの普及によってIT革命が起こり、ビジネスのやり方を大きく変革した。このことは、軍においても同様で、RMA（軍事における革命）と呼ばれた。米国防総省は、IT技術を含む先端的なデュアルユース技術（すなわち、商業的な市場や用途に焦点を当てているが、防衛や安全保障にも応用できる技術）の導入が米国の防衛的優位性を確保することが重要であるとし、1996年に国防科学技術戦略を策定し、将来の戦闘形態をJoint Vision 2010（1996年策定）として示した。

③ 第三オフセット戦略とDIUの設置（先進民生技術の活用）

2014年にヘーゲル国防長官が第三オフセット戦略を発表した。この戦略では、防衛技術において、中国が米国に追いつきつつある（技術的）脅威という認識を示すとともに、相手国（中国、ロシア）が有しない手段によって、防衛的脅威を相殺（オフセット）し、米国の防衛優位性を保つという方向性を示した。

具体的には、グーグルやアマゾンなどのシリコンバレーの企業が有する米国の先進的な民生技術を防衛装備に取り込む（スピンオン）ことで、米国の防衛的な優位性を保つことを目標としたものである。２０１５年に、カーター国防長官は、民生先進技術を効率的に取り込むため、シリコンバレーに国防総省初の支所ＤＩＵｘ（Defense Innovation Unit Experiment）を発足させた。その後、政権はオバマ大統領からトランプ大統領に交代したが、ＤＩＵ（国防イノベーションユ

アフガニスタン南方上空を飛行する米国のReaperドローン
（2017年）米空軍
（出所）米空軍　source: http://www.af.mil/news/photos.aspx?igphoto=2000640436

ドローン等からの情報収集、監視、偵察任務に就くオペレータ。ドローン等の画像から、テロリストの隠れ家や車両を特定する任務等を実施。プロジェクトMavenにより、AIに助けられ、ワークロードが軽減した
（2017年）米国防総省
（出所）米国防省　https://media.defense.gov/2017/Feb/13/2001698710/-1/-1/0/130411-F-ZZ999-055.JPG

ニット）は、ボストン、オースチン（テキサス州）、シカゴ、ペンタゴン内にも拠点を開設し、その重要性を増している。

第三オフセット戦略において、民間の先端技術の導入事例として、国防総省が最も力を入れた事業として、プロジェクトMavenが知られている。これは、グーグルのＡＩ技術を用いて、ドローンが戦場で撮像した画像を解析し、テロリストの隠れ家や車両などを特定するオペレータの業務を助ける役割を果たした。戦闘でのＡＩの有効性を明らかにしたプロジェクトで、その後、国防総省のＡＩ利用の基礎となった。プロジェクトMavenは、グーグルが従業員に反対され、このプロジェクトから離脱したことでも有名である。

④技術競争時代の国防科学技術戦略とOSCの設置

２０２２年2月、「技術競争時代における国防科学技術戦略」を発表し、三つの分野（シード（基礎）領域、民間技術の導入が効果的な領域および防衛専用領域）およびこれらに該当する14の技術を整理している。それらの技術は表7－1の通りである。

ＤＡＲＰＡまたはＤＩＵが研究した優れた技術も、死の谷を乗り越えられなければ、装備への応用には至らない。このため、国防総省が出した結論は、死の谷を乗り越えるまで、継続して辛抱強く資金を支援することであるとしている。このため、ＯＳＣ（戦略資本局）と呼ばれる組織を、２０２２年末に国防総省内に設置した。

［表7－1］米国が重視している技術領域と技術

技術領域	具体的な重視技術
シード（基礎）領域	バイオ技術 量子技術 次世代無線技術 先進材料技術
技術導入が効果的な領域 （民間技術が強い領域）	信頼できるAIおよび自律化技術 統合ネットワークを用いたシステムオブシステム技術 マイクロエレクトロニクス 宇宙技術 再生可能エネルギーの生産と貯蔵に関する技術 先進コンピューティングとソフトウェアに関する技術 人間と機械のインターフェース技術
防衛専用領域	指向性エネルギー技術 極超音速技術 センシングとサイバーの統合化技術

2022年に派出された国防戦略において、国防総省は以下の認識を示した。

「国家防衛戦略の目標を達成するために統合軍の防衛力を創出・管理する方法を大きく変える必要がある。米国の競争相手（中国等）は、国防総省が依存する防衛産業基盤、民間セクターや学術団体といった防衛エコシステムを危険にさらしている」

このことを受けて、国防総省は、2023年5月、国防科学技術戦略を策定したとし、以下の認識を示した。

●近年、世界中の民間企業の多くは、民間ファンドから資金を調達し、デュアルユース技術の研究開発を行うようになってきた。この場合、民間ファンドの背景に誰がいて、先端的な技術を開発に資金を援助し、そしてその技術を手に入れているかについて、大きな変革が起こっている

●国防総省は、今後、積極的に民間企業に関与して、エマージング技術を開発させると　ともに、中国

などが、先端的かつ重要な技術にアクセスすることを早い段階から阻止することとする

⑤必要な政策転換

米国は、2023年5月に策定された国防科学技術戦略において、優れた民生技術が他国（中国等）に利用されている可能性に言及し、今後民間企業に関与していくことを表明している。また、中国からの先端技術へのアクセスの禁止については、米国だけでなく、同盟国やパートナー国とも協力するとしている。

一方、オーストラリアのシンクタンクＡＳＰＩの分析にも見られるように、全体で44分野あるクリティカル技術のうち、37の技術分野で中国の技術が1位となった現在、技術アクセスへの禁止だけでは、中国に対抗するには必ずしも有効な手段ではないかもしれない。

米国は、自国の技術基盤を重視するため、同盟国、パートナー国の有する技術を米国に移転させることを優先する一方、自国の技術は、ブラックボックスにし、たとえ、同盟国であっても技術流出を恐れ、先端技術を非開示にしてきた。これでは真の技術協力は生まれない。

中国に対抗していくためには、同盟国同士が真の技術協力を行い、新しい技術を開発することが得策である。米国は、同盟国との連携・協力のため、ＩＴＡＲ（米国の国際武器取引規定）の見直しなど、必要に応じて技術のブラックボックス化を緩和するなど積極的な施策を行うべきである。一方、日本は、セキュリティ・クリアランス制度を早期に成立させ、技術流出を防止しながら、同盟国等との間で民間企業同士のハイテク協力が進みやすい環境を整備すべきである。

2 中国の国防科学技術政策

①軍民融合政策

中国は、21世紀初頭から軍民融合（ＭＣＦ）政策を進めてきた。軍民融合政策は、先端技術を用いて、防衛および経済を同時に強化する政策である。このため、自国での技術開発を進めながら、各国の技術をあらゆる形で獲得してきた。米国国務省は、軍民融合政策について、以下のように解説している。

「軍民融合とは、２０４９年までに人民解放軍を『世界一流の軍隊』に発展させるという中国共産党の国家戦略である」

軍民融合政策の下で、中国共産党は、中国共産党の軍民融合政策の目的を達成するために、「千人計画」を策定し、世界の優れた研究者や学者を招聘して優れた研究成果を取り込むとともに、海外の民間企業への投資や企業買収によって、知的財産や重要な技術を獲得している。また、サイバー攻撃や産業スパイ活動などにより先端技術等を不正に取得している。習近平主席は、自ら、この軍民融合戦略を指揮するため、中国共産党の中央防衛委員会と中央軍民融合発展委員会の委員長を務めている。

軍民融合政策において、以下の通り、獲得することを目標とする技術を明記している。

（目標技術〈抜粋〉）

●インテリジェント無人車両、生物学的クロスオーバー技術、先進エレクトロニクス、量子技術、未来ネットワーク、先進エネルギーなどの分野において、将来を見据えた、先駆的、探索的、破壊的な技術の開発に力を入れ、国際競争の主導権を握る

●電子情報、宇宙リモートセンシング、新素材、先端製造、エネルギー、生物、海洋科学、各分野で、数多くの重要な軍民両用プロジェクトを展開・実施する

●核心電子部品、ハイエンド汎用チップ、ブロードバンドモバイル通信、大型新薬の創出、大型感染症の予防と制御、有人宇宙飛行、月探査プロジェクトなど、軍民融合の主要特殊プロジェクトの成果の双方向移転と転換を強化する

●2030年に向けて、深海、深陸、深空、深藍領域にハイテク技術を戦略的に配置し、各分野の最上位層をリンクさせる。宇宙─地上の一体化情報ネットワーク、量子通信、量子コンピュータ、脳科学等の新しい軍民融合科技プロジェクトの論証と実施を積極的に推進する

これらの目標とする技術について、中国は以下に述べるように、世界でトップレベルの技術力を達成している。軍民融合政策は成功していると言える。

②軍民融合政策の成果

2020年代に入ると、先端技術分野において中国の技術的なリードが決定的なものとなってきた。前出のオーストラリアのシンクタンクＡＳＰＩは、世界中の先端的な技術分野を分析し、中国の技術研究が世界を圧倒していることを以下のように述べている。「中国が重要かつ新興の技術分野の大半において、圧倒的なリードを確立することで、自らを世界有数の科学技術大国と位置づける基盤を築いた」

ＡＳＰＩが現在追跡している44のクリティカル技術のうち37の技術、例えば、防衛、宇宙、ロボット工学、エネルギー、環境、バイオテクノロジー、人工知能（ＡＩ）、先端材料、量子テクノロジーなどで中国が1位となっている。中国が特に得意とする重要な技術分野は、防衛と宇宙関連技術である。

③評価すべき政策と課題

中国は、技術の取り込み方に関し、一部米国の方式を取り入れている。例えば、中国は、2017年にＤＡＲＰＡを模した研究所を設立した。また、ＤＡＲＰＡが行っているグランドチャレンジのようなイベントを行っている。具体的には、中国国内の研究機関や大学に呼びかけ、技術デモンストレーションをコンテスト形式で行い、そのなかで特に優秀な技術を軍に取り込むイベントを実施している。

また、米国が第三オフセット戦略で優秀な米国のシリコンバレーの技術を取り込む戦略を発表すると、直ちに習近平、自らが軍民融合政策中央員会の委員長につき、優れた技術によって、経済と防衛双方の発展を図ることを宣言している。

中国において、ハイテク企業は軍に協力することが義務化されるため、グーグルのように、軍のプロジェクトから離脱することは許されない。結果的に、軍にとって都合の良い政策を推進できる状況となっている。また、中国の優れた点として、科学技術者を優遇している点が挙げられる。中国は政府のトップレベルのポストを科学技術者に与えており、これは習近平の考えのようであるが、科学技術者を優遇する政策は大変有効である。

こうして、中国は研究レベルでは世界のトップレベルに立ったわけである。ただし、航空機エンジンなどはあらゆる技術の集大成であり、設計製造技術では米中の格差はまだかなり大きいと思われる。

3 欧州の国防科学技術政策

NATO（北大西洋条約機構）は、先端技術についてEDT（新興的かつ破壊的技術）戦略ともいうべきものを有している。

2021年2月、NATO国防相は、「EDTに関する戦略」を承認した。

これはNATOのEDTに関する包括的な戦略である。この戦略の目標は以下の通りである。

●NATO諸国の優位性を強化するデュアルユース技術の開発や導入に対する首尾一貫したアプローチを育成すること

●潜在的な敵対国や競争相手によって自国のEDTが不利に利用されないようにNATOが各同盟国のEDTを保護するためのフォーラムを創設すること

これらの目標はNATOが戦略的かつ効果的な優位性を維持するための重要な鍵となるものである。NATOのイノベーション活動は9つの優先技術分野に焦点を当てている。

―人工知能（AI）
―自律性
―量子
―バイオテクノロジーと人体強化
―極超音速システム
―宇宙
―新素材と製造
―エネルギーと推進力
―次世代通信ネットワーク

同盟国はこれらの主要技術分野ごとに具体的な計画を策定している。これらの計画は、NATOが技術革新と現代技術の迅速な導入を加速させるとともに、防衛と安全保障のための大西洋を越えた技術革新の舵取りを行うための土台を築くものである。

4 日本の防衛研究開発方針および戦略について

防衛研究開発の方針について、これまでの日本の方針の歴史的な変遷を紹介し、現在の防衛技術指針2023に至った状況を解説しておこう。

防衛研究開発に関する方針（戦略）文書は、先端技術の導入が最も重要であるとし、これに焦点を絞って、先端的なデュアルユース技術の民間からの導入などを考察してきた。今後、策定される新たな研究開発の方針も「ゲームチェンジャー技術」の導入が主たるものとなると考えられる。

①2000年までの防衛技術研究開発方針

防衛省における研究開発は、一元的に防衛装備庁（旧技術研究本部）が実施することとなっている。装備品等の技術開発は、自衛隊からの開発要求にもとづき、技術研究本部が装置を試作し、技術研究本部が実施する「技術試験」および自衛隊が実施する「実用試験」を経て「装備化」（実用化）される。

自衛隊が「研究開発要求書」を作成するに当たって参考とすべき資料として、技術研究本部は、将来の防衛技術の動向を調査分析し、その動向を把握し、「長期技術見積り」と呼ばれる資料を作成してきた。

防衛庁（当時）の研究開発は、これら一連の研究開発関連資料をベースに実施されてきており、防衛庁においては、研究開発実行上、十分なものであるとしていた。

②防衛研究開発ガイドラインの策定（2001年）

2000年当時、防衛省内で「防衛研究開発に関する方針文書」を作成する必要性が認識され、「研究開発ガイドライン」を策定（2001年）するに至った。具体的なガイドラインの内容としては、

- 優れた民生技術を積極的に導入・応用する一方、防衛特有の性格が強く、民間技術力に依存できない技術については、防衛省が、自ら基盤の維持育成を図るものとする
- 技術基盤の維持育成に当たっては、日本の独自性を必要とする技術分野については引き続き自主的に取り組むほか、相互運用性の確保等を踏まえつつ米国との技術協力を促進するとともに、諸外国からの技術導入等の可能性に留意するものとする

との考え方を示し、現在にも通じる概念が示されていることは興味深い。

③防衛技術戦略の策定（2016年）

日本を取り巻く安全保障環境は、北朝鮮、中国、およびロシアが軍拡路線を拡大させ、一層厳しさを増していた。この頃から、米中を中心に激しい先端技術競争に入っていった。

2015年に発足した防衛装備庁は、自らの組織の発足とともに、「国家安全保障戦略（2013年策定）」に、「国家安全保障の観点から、日本の高い技術力は経済力や防衛力の基盤であり、デュアルユース技術を含め一層の技術の振興を促し、日本の技術力の強化を図る必要がある」と記述されたことを契機として防衛技術戦略を策定した。

技術戦略と同時に策定された「中長期技術見積り」では、今後20年を見据え、ゲームチェンジャーとなり得る先進的な技術分野を提示、公表することで、優れた民生先進技術の取り込みを期待していたものである。「中長期技術見積り」では、将来取り組むべき技術分野の方向性を検討した結果、今後、特に、以下の四つの技術が重要であるとした。

- ●スマート化、ネットワーク化
- ●無人化
- ●高出力エネルギー技術
- ●現有装備の機能性能の向上

これまで述べてきた「防衛技術戦略」と今後の重視技術に言及した「中長期技術見積り」とと

もに、具体的な技術の実装化計画として「日本の防衛に必要な能力に関する研究開発ビジョン」を策定した。

研究開発ビジョンは、企業等にビジネスの予見可能性を与え、先行投資の促進を図るとともに、その力を最大限に引き出すことを目論んだものである。研究開発ビジョンは、随時、見直しを図っており、2021年度においては「多次元統合防衛力の実現とその先へ」と称し、電磁波、宇宙、サイバー、水中防衛、スタンドオフ防衛の分野を重要課題として取り組んでいる。

④防衛省技術指針2023

策定の趣旨は、以下の通りとなっている。

- 国家安全保障戦略等3文書で示された、防衛技術基盤強化方針の具体化
- 防衛技術基盤の強化を、省として一体的かつ強力に推進する取り組み方針のまとめ
- 防衛省が重点化する研究開発分野を公表することで予見可能性を高め、省外との技術的連携の構築

2016年に策定された防衛技術戦略は防衛装備庁が策定し公表されたが、「防衛技術指針2023」は防衛省として文書を策定した位置づけとなっており、省全体としてこの指針に対し、一体的かつ強力に取り組みを行うこととしている点は大きな前進である。

目指す将来像を実現するためのアプローチとして二つの柱を設定する。

第一の柱「日本を守り抜くために必要な機能・装備の早期創製」
第二の柱「技術的優越の確保と先進的な能力の実現」

(ア)目指す将来像を実現するための手法

第1の柱、第2の柱を実現していくためには、関係府省庁、研究機関、企業、大学等とともに、技術の保全を意識しつつ、シナジーを生み出しながら、持続的、自律的に連携し、ともに成長を続けられる環境と仕組みを構築していくとしている。

このような取り組みを通じて、防衛省の研究機関がハブとなって、それぞれの分野の研究者が大学をも含めて研究できる環境を構築できれば、オープンイノベーションの研究環境を防衛分野で実現できる可能性がある。

(イ)日本を守り抜くうえで重要な技術分野

物理分野、情報分野および認知分野で優勢を獲得するための機能・能力を獲得する必要があるとし、以下の12の分野と適応技術（抜粋）を例示した。

表7－2は、何のために当該技術が必要になったかを説明しており、技術の必要性を絞り込むに至った思考過程が示されているのは興味深い。なお、具体的に示された技術分野は、挑戦的なもの（難度の高いもの）がかなり多く含まれており、今後設置が予定されている革新的な研究を行う新しい研究機関により研究が行われることを予定していると思われる。

［表7－2］重視する12の技術分野と適用技術

No	技術分野	適用技術（例）防衛省資料から抜粋
1	隊員の負担、損害を局限しつつ、付随的な損害も局限する無人化、自律化	人と機械の対話（Man Machine Communication）技術、アバター（分身）コントロール技術、BMI（Brain Machine Interface）技術など
2	従来使っていなかったプラットフォームの活用	水中航行・通信技術、長距離・長時間航行技術、宇宙航行技術、即応衛星打ち上げ技術、電磁波などを利用して衝撃波等を減衰させるバリア技術など
3	従来使っていなかったエネルギーの活用	ガスタービンエンジンを超小型化した発電方式などのエネルギー創出技術、高容量・高安全電池技術、高出力レーザ技術、高出力マイクロ波技術など
4	新たな機能を実現する素材・材料、新たな製造手法	自己修復機能材料技術、これまでの製造手法では実現できなかった微細構造や複雑構造も製造可能な様々な材料を用いた付加製造技術など
5	より早く、正確に情報を得るためのセンシング	量子センシング技術、従来計測が不可能だった様々な環境下（高温、高圧下など）でも計測可能なセンシング技術、センシングデータ融合・統合技術など
6	膨大な情報を瞬時に処理するためのコンピューティング	エッジコンピューティング技術、量子コンピューティング技術など
7	これまで見えなかったものの見える化	ノイズ中の目標探知を行う量子イルミネーション技術、素粒子検出技術、ネット上の真偽不明情報から正確な事実等を抽出するネット情報分析技術など
8	仮想、架空情報をあたかも現実かのように見せる能力	メタバース、立体ホログラム投影技術、地理空間情報かく乱技術など
9	未来の状況を予測して先手を打つ判断能力の強化	人工知能を含む高度な情報処理、実環境デジタルツイン技術など
10	組織内外において、どこでも誰とでも正確、瞬時に情報共有を可能とするネットワーク	Beyond 5G 技術、大容量通信技術、量子暗号通信技術、ネットワーク抗たん性向上技術、広域無線給電技術、光通信技術など
11	効率的、効果的にサイバー空間を防御する能力	サイバー攻撃防御技術、未知の攻撃への検知・対処技術など
12	認知能力の強化	脳科学を活用したトレーニング技術、認知分野での活動を可視化することで、どのように対応すべきかの訓練を可能とする認知分野可視化技術など

5 カギを握る科学技術者の処遇改善、セキュリティ・クリアランス、国産AIチップおよびパワー半導体

①技術力低下という現実

2022年に策定された国家安全保障戦略は、国家の総合力は、外交力、防衛力、経済力、技術力、情報力であるとしている。総合力の強化は喫緊の課題であるが、最も重要なものは、総合力の基盤となる技術力の抜本的強化である。日本の技術力は、30年に以上にわたり、低下が続いており、心配な状況になっている。

具体的には、前述のASPIの評価でも、44のクリティカル技術分野のうち、日本がトップ5に入っている技術はわずか4個である。一方、インドと英国は27個、韓国は19個となっており、大きく差をつけられている。また、文部科学省が発表した「技術指標2023」によれば、日本はトップ10%注目論文数で、2022年に韓国とスペインに抜かれ第12位となったが、2023年はイランに抜かれ、第13位となってしまった。

研究レベルの低下は、製造段階の技術レベルの低下に直接結びつかないため、ほとんど問題になっていない。しかし、いずれ製造段階にも悪影響を及ぼし、国家の総合力を大幅に低下させることとなる。防衛研究開発は、日本の技術力をベースにやっと増強する機会がめぐってきたが、

この状態では防衛力どころか経済力にも悪影響を与えてしまうこととなる。

②必要な「科学技術者優遇施策」とセキュリティ・クリアランス制度

一刻も早く、科学技術者の力を復活させる必要がある。大学、研究機関および製造業において、科学技術者の処遇が不十分であるため、外資系コンサル会社や海外企業などへ優秀な人材が流出してしまっている。このようなことが、科学技術力の下落を招いている主たる要因の一つとなっている。この流れを止めるためには、思い切った施策が必要である。

日本社会においては、これまで重視してこなかった「科学技術者」の優遇（処遇改善）が必要となっている。社会全体で「科学技術者優遇」施策が定着すれば、国内の製造業が力を取り戻すとともに、防衛研究開発も力強く進展できるようになる。

技術力が強大になった中国に対抗するため、米国を中心として同盟国が協力する必要がある。先端技術にかかるサプライチェーンを強化するためにも、同盟国の民間企業同士の技術協力も必須であるが、日本はセキュリティ・クリアランス制度が未整備であり、先端技術協力の障害となる可能性がある。この制度の確立は、産業競争力および防衛力強化のためにも必須である。

③カギを握る国産AIチップとパワー半導体

日本が半導体技術で世界の最先端に立っていた頃、半導体技術をベースとして、民生用の通信・

コンピュータばかりでなく、世界的にも最新鋭のレーダー、ミサイルの誘導装置等電子部品をも開発・装備化できた。しかし、半導体技術が衰退するとともに、これを用いる先端技術も弱体化してきた。

中国は、「軍民融合戦略」や「中国製造2025」等によって半導体、通信技術、コンピュータをはじめ、AI、量子技術等の先端技術にも力を入れてきた。また、AI、量子技術や無人機等の先端技術の多くが半導体、通信技術、コンピュータを必要としているのは事実で、中国の狙いは当たっている。米国も半導体の重要性に目覚め、先端半導体の技術流出やサプライチェーンを厳しく規制している。

日本は半導体の再生産に向け台湾TSMCとの連携、ラピダスの設立などの施策を発表している。この取り組みを成功させるためにも、日本製半導体デバイスを利用したAIチップが、日本国内で広く使用されるようにすることが第一歩であると思われる。

今後、自動車、無人機、ロボット、電化製品、監視カメラ等のIoT機器は、ネットワーク化されるとともに、個別のIoT機器の自動化・自律化にエッジコンピューティングが大きな役割を担うが、AIの進化に伴い、AIチップはその中核的な存在となり、民間需要だけでなく防衛需要も大きなものとなるだろう。

しかし、AIチップは、使い勝手が良く、既に広範に使用され始めているAIチップを供給するNVDIA等の米国のメーカーが中心となり、欧州や中国のAIチップなども一定の市場を確保するため、日本のAIチップは衰退すると思われる。

日本のＡＩチップを育成するため、例えば、情報通信などの重要インフラおよび防衛産業に関しては、製品（装備品）の製造に関し、日本製ＡＩチップを使用することを条件とするなどの方針を示すべきだ。日本製のＡＩチップが国内のエコシステムで育てられ、次に世界で成功することになれば、日本は産業競争力を取り戻すとともに、防衛力も強化できる。

これまで述べてきた半導体はロジック半導体であるが、パワー半導体も重要である。ロジック半導体が頭脳であるとするとパワー半導体は筋肉の役割を果たすものであり、無人機やＥＶ等にとって必須のデバイスである。今後、パワー半導体は、自動車、ドローン、電車等のＥＶや通信、レーダー等の高出力半導体としてますます使用されることとなる。

パワー半導体には、SiC（シリコンカーバイト）、GaN（窒化ガリウム）およびGa2O3（酸化ガリウム）という種類があるが、日本は現在、世界的にトップクラスの技術を持っている。

この分野は、ＥＶ時代の訪れとともに、世界中の企業、研究所との熾烈な競争の時代に入っている。パワー半導体は、ＡＩチップ同様、最重要なデュアルユース技術であり、国家として育成強化に努める必要がある。

第8章

防衛産業の再生なくして防衛力の強化なし

荒井寿光
元防衛庁装備局長

Point

●日本の防衛産業は衰退の危機に直面している。兼業メーカー体制のため、競争力がなく企業の撤退が続いている。専守防衛政策のため、先端技術の開発に遅れ、最新の戦闘機やミサイルは国内メーカーでは生産ができず輸入に頼っている。

●防衛産業は防衛力そのものだ。防衛装備品を国内で開発・生産を目指すことが先進国の常識だ。国産化原則を国家目標とする「防衛産業大綱」を閣議決定し、政府一丸となって日本の防衛生産と技術基盤を立て直さなければならない。

●国は防衛装備品の唯一の買い手として、民間に任せるのではなく、自ら主導して防衛産業を再編して専業メーカーをつくることが必要だ。新領域分野については国策会社を設立して、民間や大学とのコラボを進めなければ、ますます外国に引き離される。

1　新しい防衛産業政策がスタート

①「防衛産業は防衛力そのもの」

２０２２年12月に閣議決定された新しい国家安全保障戦略では、「いわば防衛力そのものとしての防衛生産・技術基盤の強化」を規定している。これは「防衛産業は防衛力そのもの」であることを示しており、防衛産業の再生が新安保戦略の柱の一つと位置づけられた。

「自分の国は自分で守る、自分で守るためには防衛装備品・武器を自分でつくることが必要だ」というのが世界の常識だ。武器を外国に頼っていては、必要なときに相手国が輸出してくれるとは限らないし、自分で補修ができなければ十分に使うことができない。武器の国産化を追求することは世界の常識であり、ＷＴＯ（世界貿易機関）でも自由貿易や補助金禁止の例外となっている。

②戦後初の防衛産業強化法の成立

この考えにもとづいた防衛産業強化法（正式名称は「防衛省が調達する装備品等の開発及び生産のための基盤の強化に関する法律」）が、２０２３年6月8日成立し、10月1日に施行された。

これは防衛産業の強化を目指す戦後初の画期的な法律だ。

この法律の内容は、

●防衛産業は国家的に重要なものであることを明確に位置づけ、防衛大臣が基盤の強化に関する基本方針を定める

●防衛産業のサプライチェーンを調査し、リスクを低下させる

●基盤強化をするため必要な経費を支払う

●防衛装備品の海外移転を円滑にするため基金を設立する

●防衛産業メーカーに日本政策金融公庫から低利の資金を貸し付ける

●必要なときには製造施設等を国が買い上げて保有する

●装備品等の契約においてサイバーセキュリティ対策を含め秘密の保全措置を講ずる

同法にもとづき、「基盤の強化に関する基本方針（防衛大臣決定）」が公表された。

また2023年度予算では防衛産業強化のため、約1200億円が計上された。

●生産基盤強化のための予算　363億円

●防衛セキュリティゲートウェイの整備　441億円

●防衛装備移転推進のための基金・補助金　400億円

技術基盤強化のため、研究開発費を2022年度2911億円から2023年度8968億円へと3倍に増加している。

しかし以下に述べるように、これらの法律や予算では、日本の防衛産業の危機脱出のためには

［表8－1］相次ぐ日本企業の防衛産業からの撤退

2007年	住友電工	航空機用レドーム
2009年	横浜ゴム	航空機用タイヤ
2019年	小松製作所	軽装甲機動車
2020年	ダイセル	緊急脱出座席部品
2021年	三井Ｅ＆Ｓ造船	潜水艦救難艇　音響測定艦
2021年	住友重機械工業	次期機関銃
2021年	横河電機	航空機用ディスプレイ

不十分であり、抜本的な強化が必要だ。

2　日本の防衛産業は衰退の危機

①企業は防衛分野に見切りをつけ、撤退している

民間企業の撤退の理由は、明らかだ。

(ア)仕事が少ない

装備品の新規の国内発注は「お久しぶり発注」と言われるくらい減少している。

そもそも、防衛装備品の年間予算額は新規装備品と補修などの装備品の維持整備費の合計で約2・5兆円だ。これは三菱重工業の年間売上4・2兆円（2022年度）の約60％にすぎない。これを多くの企業で分担して受注しているので、各社にとってそれほど大きな売上高ではない。

従来、防衛装備品予算（装備品等購入費＋維持整備費）は横ばい

で推移してきたが、維持整備費が増加しているため、新たな装備品等の購入費は減少してきた。

【主要装備品等の維持整備費の増加】

1989年度　4393億円　⇓　2022年度　1兆1424億円

【主要装備品等の購入予算額の減少】

1989年度　1兆2207億円　⇓　2022年度　8436億円

装備品は単価が高くなっているため、発注数量はさらに少なくなっている。

(イ)儲からない

防衛事業の利益率は、各社とも全社の利益率よりも低いと言われている。

②日本の防衛産業は兼業メーカーが多く、競争力がない

世界の防衛企業のトップ100社を見ると、表8－2のように上位には米国が並んでいて、日本は35位の三菱重工業をはじめ4社が入っているにすぎない。三菱重工業の売上は、1位のロッキードマーティンの7％、15分の1にすぎない。

さらに、防衛事業売上高比率（防需依存度）を見ると、ロッキードマーティン90％、レイセオン65％、ボーイング54％に対し、三菱重工業12％、川崎重工業18％、富士通4％、ＩＨＩ11％と低い（日本の防衛省からの発注が多いプライムメーカー全体の平均は約4％）。

外国は防衛産業の専業メーカーが多いのに対し、日本は兼業メーカーが多く、競争力がない。

［表8－2］世界の防衛企業トップ100の上位（2021年）

順位	国	企業名	防衛事業売上高(億ドル)	防衛事業売上高比率(%)
1	米国	ロッキードマーティン	603.0	90
2	米国	レイセオン	418.5	65
3	米国	ボーイング	334.0	54
4	米国	ノースロップ・グラマン	298.8	84
35	日本	三菱重工業	40.6	12
54	日本	川崎重工業	24.0	18
77	日本	富士通	14.1	4
89	日本	IHI	11.6	11

（出所）SIPRI統計

これは、戦後、日本の防衛産業はゼロからスタートし、民間企業に民生部門と兼業で武器の生産を依頼したという歴史的な経緯による。当時としては社内の技術や人材を活用できるメリットがあり、合理的だった。

しかし、防衛部門の比率が低いため、社長は防衛部門に経営資源（時間・エネルギー）を集中しない傾向にある。近年、防衛予算が横ばいになったが、防衛部門の特殊性により設備や人員の集約ができない、技術開発に先行投資しない問題が生じている。

また戦闘機の製造には約1100社、戦車には約1300社、護衛艦には約8300社が関係すると言われているが、下請け企業の維持が難しくなり、サプライチェーンの問題が発生している。

③武器自給率の低下が心配

経済安全保障の観点から、エネルギー自給率や食糧自給率が議論されているが、同じように「武器自給率」（「国産比率」）という見方が重要だ。

［表8－3］FMS（米国からの武器輸入）は増加傾向

2017年度	3,596億円
2018年度	4,102億円
2019年度	7,013億円
2020年度	4,713億円
2021年度	2,543億円
2022年度	3,797億円
2023年度	1兆4,768億円

（注）2019年度は、早期警戒機E2Dをまとめ買いした。2023年度は、F-35A戦闘機、F-35B戦闘機、F-15戦闘機能力向上、E-2D早期警戒機などを買う
（出所）『防衛白書2023』p.436

武器自給率＝国内生産／国内使用

２０１０年代は90％台で推移してきたが、２０１５年から米国からのＦＭＳ（対外有償軍事援助）輸入が急増し、２０１５年には87％、２０１１年には76％まで低下した。

④国内発注はこれからもあまり増えない？

新安保戦略では、防衛予算を２０１９～23年度の５年間で17・２兆円だったものを、２０２３～27年度の５年間で43・５兆円に増加させる計画だ。

防衛費が増加することに伴い、装備品調達予算も増加することが期待される。２０２３年度は、新しい装備品等（戦車・護衛艦・戦闘機など）の購入費が２０２２年度の８１６５億円から１兆３６２２億円に増加した。

内訳を見ると、スタンドオフ・統合防空ミサイル・無人アセット防衛能力などのため、先端戦闘機、大型ミサイル、宇宙防衛、サイバーなどが増加しているが、これらの多くはＦＭＳ（米国からの輸入）に回る見込みだ。ＦＭＳによる装備品等の取得予算は、従来の最高は２０１９年度の７

013億円であったが、2023年度は1兆4768億円に増加している（契約ベース）。このため、国内調達予算はあまり増加しない見込みだ。

3　新領域武器分野への出遅れにより日本の防衛が心配！

宇宙、サイバー、電磁波などのゲームチェンジャーと言われる新領域分野で、残念ながら日本は出遅れている。これは、日本では防衛分野に挑戦している企業や学者・研究者が少ないこと、防衛省が既存分野での予算確保に集中してきたことの結果だ。

①武器の歴史はデュアルユースの歴史

〝技術革命が武器革命を起こし、武器革命は軍隊革命を起こす〟

新しい技術は民間で生まれ、軍が目を付け、軍事用に高度化する、それを戦闘に使うため専門の軍隊が出来るという歴史だ。

1866年にドイツのカール・ベンツが自動車を発明した。これを受け、第一次世界大戦で1916年イギリスが最初の戦車である「マーク1」を投入し、戦車が各国に広がり、陸軍が整備された。

蒸気エンジンは18世紀後半にジェームズ・ワットにより発明された。それを受け、1859年に蒸気戦艦ラ・グローリがフランス海軍でつくられた。

1903年ライト兄弟により初めての飛行機が誕生し、第一次世界大戦中にフランスのスパッド、英国のソッピース・キャメルなどの戦闘機がつくられた。その後、空軍が重要な軍隊として生まれた。

20世紀後半には人工衛星が軍事衛星となり、宇宙軍が誕生し、コンピュータがサイバー兵器となり、サイバー軍が誕生している。

②"進んだ武器を持つ軍が勝つ"

国家は軍事の果てしなき最先端技術の開発・利用競争をしている。

米国は、デュアルユース・テクノロジーに早くから気づき、DARPA（国防高等研究計画局）を通じ、広く基礎研究を支援して、米国の科学技術を世界一にしてきた。

従来は、軍事技術は民間より進んでいた部門も多いが、最近は、IT分野では民間の技術が進んでいるので、中国の軍民融合のように軍隊と民間が共同で技術開発を行うケースが増えている。

［表8－4］世界の武器輸出額（2022年、百万ドル）

1位	米国	14,515
2位	フランス	3,021
3位	ロシア	2,820
4位	中国	2,017
5位	イタリア	1,825
世界合計		31,983

（出所）SIPRI 統計

4 武器輸出は防衛産業の再生に寄与するか

世界の武器輸出額は319億ドル（1ドル140円で計算すると約4・4兆円）で、米国のシェアは46％と圧倒的に大きい。米国、フランス、ロシアが上位を占め、その他の輸出国のシェアはわずかだ。

①世界4大武器輸出国入りを目指す韓国の秘訣

2022年7月、ウクライナと国境を接するポーランド政府は、韓国から戦車約1000両、自走砲約600両、戦闘機48機を購入すると発表した。総額1兆円を超える大型商談で、世界を驚かせた。

韓国は朝鮮戦争の後、武器の国産化を目指し、2008年に誕生した李明博政権になってから、歴代大統領が武器輸出のトップセールスを行っている。

最初に狙った東南アジア向けには、ある程度の性能で価格の安さを売りにした。インドネシア向けに超音速ジェット練習機や潜水艦の売り込みに成功し、タイ、フィリピン、マレーシアとも契約を獲得した。

次にロシアの脅威におびえるポーランド、フィンランド、インド、ノルウェー、エストニア向けに輸出契約を結んだ。

2021年には豪州向けに自走砲「K9」の輸出契約をまとめ、米国への輸出も狙っている。同じく2021年には、米豪韓で国防研究・開発などの3カ国協力約定が締結され、2022年の米韓首脳会談では、米韓間の国防産業分野の協力を進め、国防部門サプライチェーン、共同開発、製造でパートナーシップを強化することに合意した。これは韓国が米国への輸出を含め「西側の兵器工場」になる布石と見られている。

ウクライナのロシア侵攻を背景に、韓国は受注を急激に伸ばし、2022年の受注額は2兆円を超えたと見られている。尹錫悦大統領は「米国、ロシア、フランスに次いで世界4大武器輸出国入りを果たす」と述べている。


韓国が武器輸出に成功している要因は次の通りで、いずれも日本とは対照的だ。
●韓国は防衛産業の育成と武器輸出を国家発展のための戦略産業と位置づけている。現在、輸出を念頭に戦闘機「KF-X」やヘリコプター「LAH」などを開発している
●政権が代わっても歴代大統領がトップセールスを行い、官民が一体となって継続的に輸出努力を行ってきている
●相手国別に、中古品販売、現地生産、共同生産などを組み合わせるマーケティング戦略が柔軟

でうまい

●民間企業は再編統合により、武器専門の会社になっており、輸出増加が会社の発展に直結するため輸出市場開拓のため大量の資金と人材を投入している

②日本は韓国のように武器輸出大国になれるか?

(ア)武器は国家貿易品目だ

武器の輸出は、米国の台湾向けの武器供与に見られるように、軍事支援であり、軍事戦略そのものだ。国家として外国を軍事支援する意思が前提だ。

世界の武器貿易は国家貿易であり、輸出も輸入も国家が規制している。WTO(世界貿易機関)の自由貿易原則の例外だ。自由貿易の国の米国でもFMSは国防総省が窓口となっている。

(イ)日本は武器輸出をする国家としての意思が明確ではない

武器輸出をするためには、国家として武器輸出をする意思が必要だ。日本が武器輸出をする場合は、総理がトップセールスをする必要があるが、その体制はない。防衛省は民間企業を支援するのではなく、防衛省が自らセールスをしなければならないが、そのための体制は弱い。今回、政府は輸出仕様変更を支援する補助金制度を設けたが、その程度ではとても国際競争に勝てない。

(ウ)民間企業は様子を見ている

日本がこれから国際的な武器市場に参入するには、時間と労力がかかるが、現在の防衛産業には、輸出のために先行投資をする資金的・人的な余裕はない。経営者からすると、どの装備品をどの国に、いつ、いくらで輸出できるのか不明なので、具体的な事業計画をつくる段階になく、現在の防衛装備移転をめぐる議論の様子を見守っている。

(エ)武器輸出の金額はそれほど多くない見込み

新安保戦略で、ＯＳＡ（政府安全保障能力強化支援）が導入された。これはインド太平洋地域の同志国の安全保障上のニーズに応え、軍等に資機材の供与やインフラの整備等を行うもので、安保戦略としては意義が大きい。しかし２０２４年度予算の要求額は21億円にすぎない。

また防衛装備品の海外移転の最近の実績としてあげられるフィリピン向けの警戒管制レーダーの輸出額は1億ドルにすぎない。

金額的に見れば、いずれの方式も直ちには年間売上２・５兆円の防衛産業の立て直しにはつながらない。

(オ)日本が武器輸出で防衛産業の再生を目指すのであれば、韓国や米国を参考に、国全体の政策や体制を抜本的に強化することが必要

5 防衛産業は国の政策次第

明治以来、「殖産興業・富国強兵」のスローガンの下、国を挙げて防衛産業の育成に努めてきた。明治維新後、陸軍工廠、海軍工廠、官営造船所をつくった。三菱重工業、川崎重工業、三十六戦車会社、中島飛行機、日本製鋼所など、民間企業も多く参入し、武器の開発と生産に貢献した。

①1960年代からは国産化方針

第二次世界大戦後は、GHQ(連合国最高司令官総司令部)による非軍事化政策により、日本の防衛生産・技術基盤が完全になくなった。1954年に自衛隊が発足し、米国から装備品の供与を受けるとともに、民間企業の民生部門により防衛産業を下支えする現在の仕組みができあがった。米国からの技術導入・ライセンス国産により国内技術力が発展した。

1966年の第3次防衛力整備計画大綱では、「技術開発を推進し、装備の近代化および国内技術水準の向上に寄与するとともに、装備の適切な国産を行い、防衛基盤の培養に資するものとする」という「装備品の国産化方針」を決めた。

1970年には、防衛庁長官決定で、「国を守るべき装備は自ら調えるべきものであり、装備の自主的な開発、国産を推進する」という「国産化方針」を明確にした。

これらの結果、戦車・護衛艦は国産化に成功した。しかしイージス艦の時代になると、船体は国産だが、戦闘システムであるイージスシステムは輸入となった。

戦闘機は、ライセンス生産方式で米国から技術導入をして国産化を進めた。

②1980年代から武器の輸入が増加

1980年代には、FSX戦闘機の国内開発を目指したが、米国の要求により日米共同技術開発に変更した。以来、戦闘機の自主開発は行われず、F35Aなどの先端の戦闘機や早期警戒管制機などが輸入されている。

ミサイルでは、短中距離のものは国産で成功したが、先端的なパトリオットPAC－3などは輸入されている。

2013年に国家安全保障戦略が策定され、2014年に、「防衛生産・技術基盤戦略」が策定された。装備品の特性に応じ複数の取得方法を適切に組み合わせることとし、国内生産、国際共同開発・生産、ライセンス国産、民生品等の活用、輸入の五つの調達方式を並列に置いた。

2023年の防衛産業強化法にもとづく基本方針は、国内技術で条件を満たすことができない装備品は輸入に頼らざるをえないが、国内技術で調達できるもの、弾薬・艦船など継戦能力の維持に不可欠なもの、通信・暗号技術など機密保持に必要なものなどは、国産による取得を追求するとしている（「国産取得追求方針」）。

6　政府は「防衛産業育成責任」を果たすべき

①装備品の独占的な買い手としての政府の「防衛産業育成責任」

国内に防衛産業がなくて困るのは、国家そのものだ。政府には、装備品の独占的な買い手としての責任（〝買手責任〟）がある。戦後、独占的な買い手である国鉄、電電公社、電力会社が、発注を工夫することにより、売り手の民間企業を育成した例が参考になる。

②防衛産業は市場メカニズムが働かない特殊な産業

ユーザーは国家のみで、安全保障の観点から調達する。価格は第二の考慮要素にすぎない。商品の仕様・性能は国家機密であり、サプライヤーは国家が認めた企業のみであり、防衛秘密保護の観点から自由な市場参入は認められない。一方、運用部隊は遅れた国産品より進んだ輸入品が欲しいので、そのバランスが大事である。

③日本の防衛産業にある特殊な制約

第一は、ＧＤＰ比１％の制約。経済のゼロ成長により近年は防衛予算が伸びなかった。今回の新安保戦略で2027年度までにGDP比2％に引き上げるとの実質合意ができたので、状況は変わる見込みだ。

第二は、専守防衛政策。このため飛行距離や射程距離が短い戦闘機やミサイルの開発しかできなかった。今回はスタンドオフ能力ということで、射程が長いものの開発が認められた。

第三は、武器輸出3原則、防衛装備移転三原則。これにより、国際社会から隔離され、国際競争に鈍感になり、国際感覚が鈍くなった。

第四は、外部との不十分な交流。大学や防衛部門以外の民間企業との交流が少ない。新しい科学技術分野での双方向の交流がないことは痛い。

④防衛産業育成のための三つの提案

提案1 「防衛産業大綱」の閣議決定

自分の国は自分で守ることが基本で、そのために必要な防衛産業は国家としてつくらなければならない。この国家としての覚悟を示す「防衛産業大綱」を国家安全保障会議設置法（第2条1項3号）にもとづき策定し、閣議決定する。

同法では、国防の基本方針、防衛計画の大綱とともに、産業等の調整計画の大綱を策定することになっているが、今まで策定されていない。

現在あるのは、2023年の防衛産業基盤強化法にもとづき防衛大臣が決めた「基盤の強化に関する基本方針」だ。しかし防衛産業の育成強化は、外交・産業・科学技術・予算・調達・独禁法など多岐にわたり、防衛省だけではできない。政府全体で取り組むため閣議決定に格上げすることが必要だ。

これにより、閣議決定されている科学技術イノベーション基本計画や統合イノベーション戦略と同格になり、これらとの連携が強化される。

〈内容〉

●5年計画とする

●政府の買手責任を明確にする

●「国産化原則」を中長期目標とする。当面は「国産化優先原則」とする

●「防衛装備の自給率の向上」について具体的な数値目標をつくる

●国際連携の推進。同盟国・友好国との防衛安全保障関連の技術・産業協力の推進、外国が進んでいる場合はライセンス生産を追求する、少なくとも輸入装備品の維持・補修が日本でできるようにする

●「防衛産業ビジョン」を策定する。装備品の需要見通しをつくり、それに対応する供給計画（国産、ライセンス国産、輸入の内訳）と、防衛産業への発注見通しをつくる。技術開発に関しても、防衛産業への発注見通しをつくる

●会計法の例外。発注方式を変更し、随意契約を広く認める。同時に価格算定方式の適正化を行う

●独禁法の例外。一社独占を認める、大臣指示の復活
●談合や汚職の排除。厳正に適用する

提案2　政府主導による防衛産業の再編統合

●現在の兼業体制では、防衛部門は経営者にとって重荷であり、撤退するのが自然な選択
経営者は他社と統合の交渉をするより撤退する方が楽だ。メンツがあるので、他社に吸収されるのはイヤだ。撤退しても、売上比率が低いので、社内で人員や設備を処遇・処理できる。
●政府が買手責任として再編を主導することが必要
強い防衛産業をつくるためには、業界を集約再編して専業メーカーをつくることが必須だが、民間は自発的にやらない。今回の法律・予算は融資や一部設備の国有化にとどまっており、効果は限られている。

政府は買手責任で業界の集約、設備の廃棄集約、人員の整理をやるべきだ。
●再編統合の三つの構想
1社構想　日本防衛産業株式会社（仮称）を設立する
2社構想　三菱系1社　その他の会社1社
4社構想　航空機・宇宙、艦艇、通信・電子機器、地上車両・火砲・弾薬の4分野ごとに統合会社をつくる
これは『ダイヤモンド・オンライン』（2022年8月18日）の「軍事ビジネス&自衛隊」#

21を参考にした構想だ。

●分離・集約の進め方

防衛大臣をトップとする「防衛部門集約再編本部」をつくる

民間の有識者を含めた専門家会合をつくる

現在進めている補助金や融資支援ではなく、発注価格で企業を育成する

機微技術保護のため必要に応じ民生用の設備と分離する

日本全体の防衛産業の設備・人員の現状、受注の実績、今後の見通しの一覧表・マップをつくる

設備は、新しい設備に集約し、古い設備は廃棄する

技術者は、過剰人員は現在の企業に引き受けてもらう

提案3　国策の「新領域防衛装備開発株式会社」の設立

●新領域分野は従来の防衛産業分野とは異なる。新技術は、どんどん進歩している。大学・ベンチャー企業を含め、民間技術の活用が必要

防衛省をはじめ各省の技術開発予算・体制と民間・大学・研究機関の能力を統合するオールジャパン体制をつくる。

●特別法を制定して、官民一体の国策会社をつくる

機微技術を保護するため、特別法により「新領域防衛装備開発株式会社（仮称）」を設立し、

社員はみなし公務員として、守秘義務を課す。委託事業とし、入札方式は採用しない。新会社は民間（既存企業、ベンチャー企業、大学、研究機関など）との協力などをオーガナイズする会社で、新領域分野の研究を束ねる機能を持つ。

2023年8月、政府は国防に寄与する軍民両用の技術9分野を「重要技術課題」として指定した。これを推進するためには、専門の組織が必要だ。

防衛装備庁の別働体と位置づける。防衛装備庁が2024年度以降、創設予定の新たな研究機関と連携する。現在、防衛省・経産省がスタートアップ企業と防衛省の連携を進めていることは良いことだが、役所の場合は人事異動があり、継続性が担保されない。また国家公務員の定員の制約があり、規模が限定される。

そこで新会社を「現代の工廠」と位置づけ、新領域分野の技術をカバーするのに必要な民間企業・大学・研究機関の専門人材を採用する。対象技術はどんどん進歩しているので、柔軟な組織とする。社員数百人規模でスタートする。

なお、最近の国策会社の例としては、株式会社日本貿易保険がある（2017年に貿易保険法にもとづき設立。資本金は政府の全額出資で約1693億円）。

〈業務〉

●新領域分野の内外の技術情報の収集分析（インテリジェンス機能、シンクタンク機能）
●自衛隊のニーズに応える民間部門を発掘（技術開発の発注先）
●民間部門のシーズを自衛隊に伝える機能

●契約手続きの支援（特にベンチャー企業や大学）
●民間の機微情報管理の支援
●新領域分野の防衛マインドを持った人材の教育・育成

7　待ったなしの防衛産業の再生

①既存の業界体制を延命させるな

新安保戦略と防衛予算の大幅増額は、防衛産業を改革し、再生する絶好のチャンスだ。しかし相当な額が防衛装備品の輸入に回り、国内の防衛産業に回る予算は限られる。増加される防衛予算を既存体制やメーカーの延命に使ってはいけない。

②ウクライナ戦争の防衛産業に与えた教訓に学べ

第一に、世界に武器の役割と国産の重要性を再認識させた。

第二に、サイバーや新型武器の重要性が示された。ＡＷＳ（アマゾン・ウェッブ・サービス）、コンステレーション衛星やトルコ製軍事ドローンの活躍が注目された。

第三に、世界の防衛予算を増加させた。ドイツも日本もＧＤＰ比２％まで引き上げる。これにより、防衛産業への発注が増える見込み。

第四に、ウクライナにおける武器の大量消費により、世界の武器の需給がひっ迫している。

第五に、武器の国際的なサプライチェーン強靭化の動きだ。供給ソースの多角化と共同開発が進められている。インドは従来、ロシアからの武器輸入が多かったが、米国、フランスからの武器輸入を増やそうとしている。米豪や仏印間で、共同開発・共同生産が合意された。米韓でも検討が進められている。

③日本の技術力の厳しい現実から目をそらすな

従来、防衛産業を下支えていた民間産業が弱くなり、国際競争力が低下している。日本の科学研究力も低迷している。宇宙開発はイプシロン、H3など失敗続きであり、ITやサイバー分野は米国などに引き離されており、新領域分野の防衛産業の育成の壁は高い。「日本人の能力は高い」「日本の底力は強い」と安心してはいられない。

④防衛産業の世界競争に負けるな

日本の防衛産業の再生は容易ではないが、世界の競争に生き残らないと防衛力は強化できない。政府も企業も、防衛部門の担当者に任せるのではなく、トップが国家的な立場、企業全体の立場から、防衛産業の再生をリードすべきだ。

第9章

日本の武器輸出政策の戦略課題

長瀬正人
グローバルインサイト代表取締役社長

Point

- 2022年末の国家安全保障戦略において、装備移転（武器輸出）は重要な安全保障政策手段であると認知された。武器輸入の恩恵を受けてきた日本は、米国が日本の防衛力整備のために軍事援助を行ってきたように、同志国等に対して、日本の国益にかなう適切な装備移転を積極的に推進すべきである。
- 1988年の米国防総省SDI研究への日本企業の参加は、武器輸出政策の例外措置の下で行われたが、今日の日本のミサイル産業の隆盛の源となった。明確な政策目標に対して行われた官民連携による民間主導プロジェクトの創出は、今後の装備移転を考えるうえで成功事例として示唆的である。
- 開発途上国の防衛力整備を支援する「安全保障援助型」の装備移転は、政府が主役であるのに対し、米欧企業向けに共同開発品やサプライソースとして輸出する「グローバルサプライ型」の装備移転は、企業活動が中心であり、国際化による産業の成長が期待できる。

2022年12月の国家安全保障戦略では、防衛体制強化の一環として官民一体となった防衛装備移転（武器輸出）の推進が謳われ、「防衛装備移転が、力による一方的な現状変更を抑止して、日本にとって望ましい安全保障環境の創出や、国際法に違反する侵略や武力による威嚇を受けている国への支援等のための、重要な政策的手段となる」と明記された。

また、現行装備移転三原則の運用方針などの見直しを検討する方針も示されたので、ウクライナへのさらなる支援や、日本が英国、イタリアと共同開発する次世代戦闘機などを念頭に、政府・与党において運用方針の見直しに向けた議論が始まった。

しかし、日本にはいまだに武器輸出に対する強いアレルギーがある。戦後の米軍による完全非武装化政策や経済優先の国づくりによって、「一国平和主義」「平和＝非軍事」「武器＝非平和的手段」という安全保障観が日本人に定着してしまった。武器輸出が全面的に禁止された結果、日本の防衛産業は装備協力や軍事技術交流で米欧主要国に大きな後れを取り、近年の日本の防衛力と防衛産業基盤の弱体化につながっている。

日本は、第二次世界大戦後80年近く平和を維持してきたが、日本の防衛力の構築には米国からの武器輸入を含む軍事援助が不可欠であった。日本は、世界3位の経済大国として、また高い技術力・工業生産力を有する国として、米国から援助を受けたと同様に、同盟国・同志国が必要とする武器・技術を、日本の安全保障に適した条件の下で積極的に提供し、インド太平洋地域の平和と安定に貢献する責務を担うべきである。武器輸出の必要性がより広く国民に認識され、幅広い分野で適切かつ効果的な海外移転が展開されることを期待したい。

本章では、まず武器の輸出について改めて考えたうえで、日本の武器輸出政策を振り返り、対米武器技術移転という例外措置の効果、グローバルサプライへの参入の必要性、日本版FMSやオフセット取引の課題など、特定の分野を中心に今後の防衛装備移転のあり方について筆者の見解を示す。

なお、本章では「武器（および武器技術）」と「防衛装備」、「輸出」と「移転」を同義語として使用している。

1 武器の輸出

①国を守るためには武器と同盟が必要

ウクライナ戦争が世界に示したことは、国を守るには優れた武器が大量に必要ということだ。日本を含む世界中の国々が武器を生産し、あるいは輸入し、保有している。日本は武器の輸入大国であり、米国等による武器輸出の恩恵を受けているという現実がある。

国を守るためには様々な安全保障措置が必要であり、なかでも、外交力、防衛力、紛争抑止力に直結する軍事力は国土、国民、国益を守るために不可欠である。ウクライナの場合は、ロシアの侵略を抑止するに足る軍事力を有していなかった。

また、ウクライナ戦争が明らかにしたことは、同盟国、同志国の支援なしに、一国では国を守れないということだ。ウクライナは冷戦後保有していた核兵器をロシアに移転し放棄したが、同盟国はなく、核の傘にも入っていなかった。

日本の場合、自衛隊の軍事力と日米同盟の枠組みが抑止力として機能してきたが、米国からの軍事援助が果たした役割は大きい。古くは米国軍事援助プログラム（ＭＡＰ）による武器の無償供与、その後の最新兵器の対日販売や技術供与によるライセンス国産など、米国より相互運用可能な高性能兵器を大量に導入している。

これらの兵器を米軍と同等かそれ以上の熟練度で運用する精強な自衛隊、そしてその運用を支える防衛産業が、冷戦時代の極東におけるソ連に対する抑止力の一端を築き上げたと言える。

②武器の供与は同盟の証

米国の対日軍事援助は、もちろん、米国が自国利益のために、有利な軍事環境をつくるべく行ったものである。しかし、米国が武器や技術の提供を極端に制限すれば、日本の防衛力は成り立たない。そのような事態は日米同盟の利益に反するので起こり難いが、日米間であっても、米国が特定の武器や技術の提供を制限することはある。

例えば、米国は、２０２３年トマホーク・ミサイルの対日輸出を承認したが、日本の反撃能力の保有が日本の防衛戦略と同盟の利益に適うことを確認するまでは、日本にこのミサイルをリリースしなかった。

ウクライナ戦争でも同様だ。欧米のウクライナ支援を含め、国家間の武器移転が自動的に行われることはない。武器の供与がいたずらに紛争を助長したりエスカレートさせないよう、どのような武器を、いつ、どの程度供与するかは、相手国との関係やその時点での軍事情勢を慎重に検討したうえで、供与国が決定する。

武器を購入する国にとって、最新兵器や軍事技術を獲得することは、自国の防衛力を強化し、周辺国との軍事力ギャップを埋めて抑止力を構築するうえで、死活的に重要である。これは日本にとっても同様だ。したがって、「武器輸出は紛争を助長するのでよくない」という議論は矛盾をはらむ。日本と同様に武器を必要としている同志国から見れば、武器輸出を日本だけの理屈で悪者にするのは、一国平和主義の身勝手な態度に見えるだろう。

武器輸出や軍事技術の提供は対象国との軍事協力の証であり、特にその国の有事における軍事援助となれば、それは、いわば同盟の証となる。1990年、イラクに一方的に侵攻されたクウェートに対する日本の援助の教訓は、日本の多額の援助金（非軍事支援）がクウェート側に評価されなかったことである。

こうした綺麗ごとだけではない外交・安全保障の常識と現実を考えれば、紛争や武器不足で窮地に陥った同志国への軍事的援助を躊躇すれば、紛争後の復興事業はもちろんのこと、その国との安全保障関係は確実に劣後する。さらに、日本の有事の際に、その国が手厚い軍事援助をしてくれることは期待できない。

［表9－1］日本の武器輸出政策の推移

1967年	**「武器輸出三原則」（佐藤総理大臣による政府方針の答弁）**
1976年	**「武器輸出に関する政府統一見解」（三木総理大臣答弁）**
1983年	米国に対する武器技術供与に関する取極め（交換公文）
1987年	日米SDI研究参加協定の締結
1988年	日米FS-X（F-2）共同開発了解覚書の締結
2006年	日米SM-3ミサイルの共同開発開始
2014年	**「防衛装備移転三原則」策定（第二次安倍政権）**
2020年	フィリピン向け国産警戒監視レーダーの輸出契約
2022年	**「国家安全保障戦略策定」、日英伊3国による戦闘機共同開発を発表**
2023年	日米極超音速迎撃ミサイル共同開発の発表
2023年	防衛装備移転三原則の運用見直し論議（与党WG）

2 武器輸出政策の推移

①武器輸出三原則と例外措置

「武器輸出三原則」は、1967年の佐藤総理の国会答弁で始まり、1976年、三木内閣の「武器輸出に関する政府統一見解」により武器輸出を自粛する方針となり、以降、事実上の全面禁輸となった。この自粛原則は、第二次安倍内閣が2014年に現在の「防衛装備移転三原則」を制定するまで約40年間も続き、日本の防衛産業を事実上海外市場から隔離して防衛省調達の枠内に閉じ込めてしまった。その結果、日本はグローバルな軍事技術の発展や国際的な防衛事業から取り残され、防衛産業の国際競争力は大きく阻害された。

1980年代、日本が高度成長を遂げるにつれ、米国が日本の先端技術に関心を持ち始め、同盟国である米国にさえ技術を提供できないのはおかしいという議論が起こった。そこで政府は、米国との共同研究は武器輸出三原則の例外であるとの立場を取って、「対米武器技術供与に関する交換公文（1983年）」を締結した。

これは、それまでの米国から日本への一方的な武器技術の供与を双方向に変更したという意味で画期的なものであった。この例外措置は後に、今日のミサイル防衛のルーツである米国の戦略防衛構想（ＳＤＩ）への日本企業の参加や、ＦＳ－Ｘ（Ｆ－２）戦闘機の日米共同開発など、極めて重要な開発・生産プログラムに適用された。

②SDI参加がミサイル防衛を生み出した

現在の防衛産業ではミサイルに関連する事業が隆盛である。スタンドオフ防衛能力の開発を含めると、向こう5年間で約8兆円の予算が見込まれている。国際事業でも、初の国際共同開発案件となったＳＭ－３ミサイルに続いて、極超音速迎撃ミサイルの日米共同開発が発表されている。

このように元気のよいミサイル防衛産業の源泉は、1988年に日本企業が米国ＳＤＩ計画に参加したことにあると筆者は考えている。武器輸出禁輸時代にもかかわらず、日本企業はいち早く米国の先駆的な軍事研究に参加し、その手法を学び、米国の主要企業とともに日本におけるミサイル防衛の必要性を研究し、その構想を積極的に政府に提案した。日本企業の国際競争力を高めた国際協業の成功例に触れてみたい。

1983年3月、米ソ冷戦のさなかにレーガン大統領が発表したＳＤＩ構想は、当時の人気映画のタイトルから「スター・ウォーズ」と呼ばれ、夢物語であるとの批判もあった。

日米間は貿易分野で摩擦の多い時代であったが、レーガン・中曽根政権の安全保障関係は緊密で、1985年3月のワインバーガー米国防長官からのSDI研究参加呼びかけに対して、日本政府は異例の早さで、同年9月に第一次政府SDI調査団を米国に派遣、翌86年1月に第二次政府SDI調査団、同年3月に官民SDI合同調査団が次々と訪米、87年7月、日米両政府は日本企業がSDIに参加するための「SDI研究参加協定」に調印した。

翌1988年12月、三菱重工業を主契約者とする14社からなる日米共同チームは、「西太平洋地域のミサイル防衛構想（WESTPAC）の研究」という日本企業として初めての国防総省の研究契約を獲得し、4年間で約10億円（800万ドル）の軍事機密ベースの研究活動に従事した（米国LTV社も同様契約を獲得、これに日本から川崎重工業が参加）。

WESTPACは、日米の民間企業による米国防総省との軍事研究であり、防衛庁が直接関与していなかったため、秘密保護体制やセキュリティ・クリアランス制度が確立されておらず、通産省が急遽、日米相互防衛援助協定とSDI協定にもとづく機密保護の枠組みをつくり必要なクリアランスを発行した。

こうした日本企業の米軍事研究への参画を可能にした日米官民の前例のない協力体制と契約締結に至るまでの圧倒的なスピードは、非常に画期的で、まさに為せば成るであった。日本企業はこの研究を通じて、先駆的な軍事分野の構想段階から米国の主要メーカーとチームを組んで、当該地域におけるミサイル防衛の必要性と日本に適した防衛構想を日米政府に提唱したが、これが日本のミサイル防衛構想とミサイル産業のレベルアップにつながったと言える。

③FS–X共同開発

１９８８年、日米はＦＳ－Ｘ戦闘機の共同開発に関する覚書に調印したが、これも日米武器技術供与の取極めを前提としたものであった。ＦＳ－Ｘについては多くの論文や教訓が発表されているので、ここでは詳述しないが、一つだけ特筆したい。

対米技術供与という枠組みのなかで、三菱電機が、当時世界に先駆けて実用化の目途をつけていた戦闘機用アクティブ・フェーズドアレイレーダーの送受信モジュールを、米側要請にもとづいてワシントンで技術説明会を開催し、サンプル輸出している。また、ＦＳ－Ｘ共同開発において、当時日本が誇る航空機用炭素繊維複合材を主翼に適用し、ジェネラル・ダイナミックス社（現ロッキード・マーティン社）による同部位製造のための技術支援を行っている。

この一体成型炭素繊維複合材を航空機の主翼に適用したのは三菱重工業が世界初であり、後にロッキード社が次世代のＦ－22、Ｆ－35戦闘機を同工場で開発・製造する際に大きな参考になったはずである。また、こうして実用化された先駆的な技術は、ボーイング社が虎の子として開発するＢ７８７旅客機の主翼にも初めて適用された。三菱重工業が現在も製造しているこの複合材主翼は、２００７年からの13年間で１０００機の出荷を達成したベストセラーとなっている。

ＦＳ－Ｘも少なからず貢献したこの民間航空事業のサクセスストーリーは、開発段階からの海外メーカーとの技術交流や、世界への供給を前提とする生産分担・輸出（グローバルサプライ）が、産業基盤の成長に大きく寄与することを示している。

3 様々な防衛装備移転

武器・武器技術の輸出は多岐にわたるが、大別すると、対象国の防衛力整備を支援する「安全保障援助型」と、共同開発品やサプライソースとして輸出する「グローバルサプライ型」の二つに分類できる。

①安全保障援助型

「安全保障援助型」の装備移転は、主として政府主導で開発途上国の防衛力整備を支援するものであり、外交や防衛協力を強化できるメリットがある。ウクライナなど武力で侵略を受けている国への支援も含まれる。この種の装備移転は、企業の事業基準では必ずしも採算が取れないものもあり、対象国への日本政府の援助に加えて、元請け企業への政府支援も行って、企業の事業経済性と競争力を高めることが重要である。

「安全保障援助型」の装備移転では、通常、対象国の調達案件に複数の国や企業が応札するが、応札国政府が自国企業を強力に後押しすることが多く、国家間の競争という一面がある。また、相手国が装備品を使いこなすためには、部品の補給体制や教育訓練・運用支援が必要となるので、相手国との安全保障関係は必然的に長い付き合いになる。

したがって、例えば、購入国がベトナムやインドのようにロシアからの武器輸入に依存してきた国であれば、それらの国とより緊密な防衛協力関係を構築するうえで、日本の装備品を販売、提供する意義は大きい。

「安全保障援助型」の装備移転は、後述する「グローバルサプライ型」の輸出に比べ、現地生産のための技術移転やオフセット取引を伴うため、日本の防衛生産・技術基盤への貢献は相対的に小さいが、国産技術を輸出しているため、少量であっても意義が大きい。実を結ぶまでには長い時間がかかるが、政府の対外援助策や企業への支援策も充実してきており、遠からず複数国への移転案件が実を結ぶものと思われる。

②グローバルサプライ型

「安全保障援助型」が主に開発途上国向けであるのに対し、「グローバルサプライ型」の装備移転は、主に米欧の同盟国等が必要とする装備品やサービスのサプライソースになることを目的としている。もちろん、両タイプとも日本の装備移転の理念と方針の下、防衛装備協力に資する範囲内で行われるものである。

グローバルサプライ型には、次期戦闘機のように共同開発された完成品・構成品や、ライセンス生産品、自衛隊が使用する海外装備品の構成品などの輸出や、整備・修理・改修サービス（M

RO／U）の提供などが含まれる。

しかし、現在の装備移転三原則の適用範囲は、共同開発を除けば、まだ極めて限定的である。将来、共同開発品だけでなく、自衛隊が使用する装備品の完成品・構成品を同盟国等に広く輸出できるよう、運用指針の継続的な見直しが望まれる。

「グローバルサプライ型」装備移転のモデルケースは、民間航空産業における機体・エンジン構成品の製造・輸出である。国内に限定した生産では国際競争力がないのに対し、グローバルサプライを前提とした民間航空事業の生産は、厳しいコスト削減圧力の下でも事業性を確保して、元請け企業との長期的な信頼関係を築いている。

今後、中国・ロシアとの対立により経済安全保障政策がますます強化され、世界の防衛産業が生産量の拡大とサプライチェーンの安定性、安全性を求めていくなかで、日本の防衛産業は、信頼できる安定した供給者として米国企業等のサプライチェーンの一端を担うことで、持続可能な事業基盤を構築することができる。

もちろん、これは容易なことではないが、その実現のためには、まず、政府方針として、共同開発以外のグローバルサプライ輸出の道を開き、自衛隊が運用する米欧装備品の輸入に関連して、販売メーカーと日本企業との協業を促進するとともに、後述するオフセット的な折衝を通じて、そのグローバルサプライにおける日本企業のMRO／Uのシェア確保を追求すべきである。

米欧大手メーカーのサプライソースになるには、構成品・部品の設計、製造設備、試験、認証等に数年を要するが、当初は小規模でも徐々に拡大すれば国内生産基盤の国際競争力が育成され、長期的にはＷｉｎ－Ｗｉｎの装備協力事業が実現できる。政府は具体的な調整を企業間調整に委ねることになるが、設備投資や初度費などの企業負担を軽減することで、企業のコスト競争力を支援することができる。

4　今後の装備移転

２０１４年の武器輸出三原則の見直し以降、完成品の防衛装備品移転は、三菱電機のフィリピン政府向け管制警戒レーダーの１件にとどまっている。こうした状況を反省し、防衛力整備計画では「政府が主導し推進、基金を創設し必要に応じた企業支援を行う」と明記され、防衛生産基盤強化法も制定された。相手国の事情に応じた仕様変更の認定、指定装備移転支援法人の設立、基金による費用補償など、様々な支援策によって、企業の重点国への装備移転が積極的に進められることが期待される。

その一方で、引き続き様々な課題もある。ここでは、日本版ＦＭＳ（対外有償軍事援助）制度と、日本では馴染みの薄いオフセット取引について述べる。

①日本版FMSの注意点

「日本版FMS」は、防衛装備移転において政府が輸出の当事者となる安全保障援助制度であり、自民党や経団連が提唱している。筆者もその必要性を主張してきたが、具体的な内容はまだ明らかになっていない。ここでは、FMSについていくつか留意点を挙げてみよう。

この制度には、装備移転に不慣れな日本企業が相手国政府との交渉や契約リスクを軽減できるなど様々なメリットがある。一方、本家の「米国FMS」は膨大な体制の下で運営されており、そのまま真似ることはできない。また、これまで日本の装備調達では、国内産業に寄与しないFMS輸入を毛嫌いしてきたが、日本が他国への装備品輸出において同じようなFMS制度を適用するとすれば、皮肉なことになる。

むしろ、ここでいう日本版FMSとは、米国FMSのメリットとデメリットを十分に検討したうえで、長期的に日本と相手国双方にとって望ましい安全保障関係を構築できる、適切な装備移転販売であるべきである。

米国FMSは、近年若干改善されつつあるものの、一般的な商慣習とは異なり、基本的な契約条件が一方的に米国に有利であり、契約リスクがないため納期などが守られないことも多い。また、コスト見積もりには大きな安全マージンが盛り込まれる。それでもFMSを利用するのは、購入国がどうしても米国製兵器が欲しい、あるいは米国の資金援助を受けているからだが、一般的に競争力がある仕組みではないため、真似はできない。

したがって、日本版FMSを構築するにあたっては、リスクを最小限に抑えながらも約束は守るという日本らしい特徴をベースにすることが望ましい。また、基本的な契約条件は相手国から見ても納得できる商業契約レベルの条件を設定することが望まれる。

なお、日本版FMSを考えるうえで、日本企業による直接商業輸出（FMSに対してDCSと呼ばれる）との棲み分けが必要となる。日本政府は日本企業との競合を避けなければならず、FMSとDCSの選択がある場合、基本的には相手国が判断することになるが、日本側でも、FMSで応じるかDCSにするかについてのガイドラインが必要となる。

例えば、複数の日本メーカーのうち1社が相手国に深く食い込んでいる状況で、相手国から日本を含む各国に見積もり要求が発出された場合、日本政府は公平性確保の観点からメーカー選定を実施しなければならないが、既に先行している日本企業は、そうしたFMSよりもDCSでの応札を好む可能性がある。

また、日本版FMSシステムは、装備の調達や輸出実務に関わるため、防衛省が設営すべきと考える。2023年に導入された政府安全保障能力強化支援（OSA）は、同志国の軍隊向けに無償資金援助を行うものだが、この制度は外務省が所管している。したがって、「FMS金融」のような金融支援制度を創設する場合、OSAとは別の枠組みで実施するのか、金融支援と装備移転は外務省と防衛省に分けるのか、それとも一体化させるのか、今後検討する必要がある。

ちなみに、米国FMSの場合は、国務省が無償または借款による資金を決定し、国防総省（国防安全保障協力局）が資金援助とFMSの実行を担当している。

②オフセット取引への対応

オフセット取引とは、軍事品を輸入する国が、購入の見返りとして売り手に要求するバーター的な取引のことで、先進国を含む多くの国で慣例化している。日本はオフセット取引を義務づけていないが、装備移転を推進するうえで各国のオフセット慣行に従う必要がある。

オフセット慣行では、輸入調達の条件として、調達契約に付随する協定により、販売企業に販売額の一定割合（例えば100％）に相当する見返り取引（オフセット取引）を義務づけている。その対象は多岐にわたるが、実際のオフセット取引の履行は別途行われる。

例えば、輸入国が戦闘機を買う場合、その戦闘機をライセンス生産するための技術移転、輸入国ベンダーへの部品発注、保守整備会社の設立など、購入した戦闘機に関連するオフセット取引を「直接オフセット」という。これに対して、例えば、売り手がオフセット取引として、戦闘機とは無関係な産品を購入したり、一般的な事業投資を実施する場合などは「間接オフセット」と呼ばれる。

また、購入国が、オフセットの価値、すなわち自国産業への貢献度に応じて、高い場合には高い係数を、低い場合には低い係数を乗じることで、オフセット義務を定量化する慣行もある。

例えば、売り手が100万ドルの防衛システムの販売で120％のオフセット義務を負う場合、ある技術移転の係数が6倍であれば、売り手は20万ドル相当の当該技術の移転を実施することにより、120万ドルのオフセット価値を獲得し、義務を果たすことができる。

こうしたオフセット慣行は、その是非はともかく、避けては通れない。しかし、日本の装備移転はまだ緒に就いたばかりであり、企業が独力でオフセットに対応することは容易ではない。政府が担当部局を設置し、政府支援を検討したり、オフセット取引を専門に実施する履行会社を紹介したりすることが必要であろう。また、オフセットの目的は購入国によって大きく異なるため、政府として、対象国ごとの個別のオフセット戦略や企業への推奨策などを検討しておくことが望まれる。

③日本はオフセットを義務化すべきか

日本の装備品輸入調達において、オフセットを義務づけるべきとの議論がある。筆者は、オフセットを一律的に義務化するのではなく、個々の輸入案件の事情に応じて、政府が関連企業と連携して、したたかに販売国と交渉することが望ましいと考えている。

その理由としては、①日本の場合、海外調達の大半が米国の兵器システムであること、②米国政府はオフセットを認めておらず関知しないこと、③米国はこれまでオフセットの代わりにライセンス生産の技術移転を実施してきたこと、④米国には兵器開発費を調達国から回収する「研究開発費分担金」という制度があるが、日本はこれを免除されていること、などである。

また、日本がオフセットを義務化するうえでは、腐敗防止のための透明性とコンプライアンスの確保が極めて重要となるが、そのための制度の設計と維持には相当の資源が必要となる。

一方、近年、米国政府は、同盟国に対してといえども先端軍事技術の開示を厳しく制限しているため、ＦＭＳによる完成品の輸入が急増している、他方、ライセンス国産方式についても、その経済合理性が内外で問われるところとなっており、日米産業間の協業は縮小している。

この問題を、売り手市場の米国製品の販売に対して数値的な義務を負わせることによって解決するのは難しく、「Ｎｏ」にならないような、適切かつ効果的な個別要求を提示して交渉するのが最善と考える。

ちなみに、米国の先端軍事技術に関する開示方針の検討プロセスは非常に複雑であり、米国政府との交渉には米国メーカーの関与が不可欠である。日米同盟は、政策・運用面では緊密な関係にあるが、装備協力の面では、いまだに対日安全保障援助型の政策が目立つなど、関係はまだ未成熟である。したがって、日本が大きく後れを取っている先端技術の分野では、企業間活動をベースとした官民連携や、日米共同作戦・演習に連動した装備協力、同盟の利益にもとづく政府間折衝が欠かせない。

いずれにせよ、多くの国が国内産業の保護・育成のためにオフセット義務を課している以上、日本も同様に、同盟の長期的利益の観点からＷｉｎ－Ｗｉｎになるような方策を追求し、したたかに交渉しなければならない。

そのときに重要なことは、防衛生産基盤の維持には寄与するが国際競争力の強化にはつながらない日本市場を対象としたフル・ライセンス国産を求めるのではなく、産業基盤を強化し国際競争力を養うことができるよう、部分的な生産分担であってもグローバルなサプライチェーンへの参入を追求すべきである。

5 残された課題

国家安全保障戦略では「いわば防衛力そのものとしての防衛生産・技術基盤の強化」が謳われているが、防衛生産・技術基盤の強化には、防衛産業活動の国際化が不可欠と考える。

日本企業は、これまで防衛装備庁による調達だけに対応すればよかったが、装備移転や共同開発に取り組むには、当然ながら外国の政府や企業の事情や要望を考慮する必要がある。また、先進軍事技術の開発競争が加速するなか、日本として抑止力に十分な装備・技術を備えるためには、米国をはじめとする先進国との技術交流が不可欠である。政府間の共同開発プロジェクトは長期を要するので、装備調達における国際化や、国内外企業間の活動を中心とした共同プロジェクトの提案などによる加速化が必要である。

また、防衛整備計画では国内開発・生産事業に大胆な投資が盛り込まれているので防衛産業基盤は確実に強化されると考えるが、一方で、日本の防衛産業の経営資源が国内への対応で手いっぱいとなり、装備移転など海外活動へのリソース配分が制約されることが懸念される。防衛装備協力をさらに拡大し、日本の防衛産業を長期的に発展させるためには、海外政府・企業との並行的な取り組みが不可欠である。

第10章

安全保障における宇宙利用

西山淳一
未来工学研究所研究参与

Point

●1957年、ソビエト連邦（当時、以下「ソ連」）がスプートニク人工衛星を打ち上げ、大陸間弾道ミサイル（ICBM）の技術を世界に見せつけた。米国は大変大きなショックを受けた。それは同時に、宇宙空間が人類が利用できる領域となったことを意味した。宇宙開発は国家事業として発展してきたが、近年米国スペースXに代表される民間企業が宇宙利用を推進し、新たなプレーヤーとして登場してきている。

●中国は宇宙ステーションの構築、月面の裏側への無人探査機着陸を成し、インドも月の南極への無人探査機着陸を成功させ、米国はアルテミス計画により「再び月へ」と動き出している。このように、宇宙の活動領域は月軌道を含むシスルナ空間へと拡大している。また、米国は2019年に宇宙軍を創設し、宇宙空間そのものが戦闘領域になってきたとの認識を示した。

●日本の遅れは否めないが、今後は安全保障を前面に出し「日本のロケットで日本の衛星を打ち上げる」政策を出すべきである。また、宇宙関連研究開発の研究者、技術者は、先端技術である宇宙技術が兵器に応用されることを認識すべきである。技術は常にデュアルユースであり、適正な管理をしなければならない。そのために、国は宇宙を含めたセキュリティ・クリアランス制度の整備をすべきである。

1　宇宙利用の基礎

宇宙は、我々の住む地球を取り巻く太陽、月、太陽系を構成する惑星、太陽系を含む銀河系へと広がり、さらには銀河系の外へと果てしなく広がっている。

一般に宇宙は高度100キロメートルからとされ、宇宙空間では地球上に比べて重力の影響が極めて弱く（微小重力）、空間中の物質の密度も極めて低い（高真空）。物体に地球の重力と釣り合うだけの推進力を与えて宇宙空間へ打ち出すと、地球周囲の軌道を周回し続けることができる。これが人工衛星であり、人間を乗せれば宇宙船や宇宙ステーションとなる。

宇宙空間を利用する場合、国際宇宙法は、すべての国に対して宇宙の利用及び探査並びに宇宙へのアクセスの権利を認める一方で、国家が宇宙空間や天体を領有することを禁じている。したがって、人工衛星などが他国上空の宇宙空間を通過しても領空侵犯とはならない。

①人工衛星の打ち上げ

人工衛星打ち上げは、ソ連によるスプートニク打ち上げ（1957年）に始まり、米国、フランスと続き、日本は第4の人工衛星打ち上げ国となった。その2カ月後には中国が打ち上げに成

［表10－1］人工衛星を打ち上げた国

1	ソ連（当時）	1957.10.4	スプートニク1号
2	米国	1958.2.1	エクスプローラ1号
3	フランス	1965.11.26	アステリックス
4	日本	1970.2.11	おおすみ
5	中国	1970.4.24	東方紅1号
6	英国	1971.10.28	プロスペロ
7	インド	1980.7.18	ロヒニ1号
8	イスラエル	1988.9.19	オフェク1号
9	イラン	2009.2.2	オミド
10	北朝鮮	2012.12.12	光明星3号2号機
11	韓国	2013.1.30	ナロ（羅老）科学衛星

［表10－2］宇宙飛行士を宇宙に送った国

1	ソ連（当時）	1961.4.12	ボストーク1号（1周）ユーリ・A・ガガーリン
2	米国	1962.2.20	マーキュリー・アトラス6号（3周）ジョン・グレン
3	中国	2003.10.15	神舟5号（14周）楊利偉

［表10－3］無人探査機による月面着陸を行った国

1	ソ連（当時）	1966.1.31（2.3着陸）	ルナ9号
2	米国	1966.5.30（6.2着陸）	サーベイヤー1号
3	中国	2013.12.2（12.14着陸）	嫦娥3号
4	インド	2023.7.14（8.23着陸）	チャンドラヤーン3号

功している。

現在、自国のロケットによって自国の人工衛星を打ち上げる能力のある国は、表10－1に示す11カ国である（2023年10月現在）。また、自国の人工衛星を所有し運用している国は70カ国以上となっている。

自国ロケットにより宇宙飛行士を宇宙へ送った国は表10－2に示す3カ国である。

日本は国際宇宙ステーションに参加する形で宇宙飛行士を養成し、宇宙に送り込んでいる。同様に多くの国は米国あるいはロシア

（ソ連を含む）の宇宙船により宇宙飛行を経験しており、現在まで宇宙に行った人の数は595人（延べ1337人）である。

人類初の月面着陸は1969年の米国アポロ11号（1969・7・20着陸）によるもので、ニール・アームストロング、バズ・オルドリンの2名が月面に立った（マイケル・コリンズは月軌道から支援）。アポロミッションは計6回行われ、12名が月面着陸をしている。

日本の月への活動は2007年9月、月周回衛星「かぐや」を打ち上げている。無人探査機による月面着陸を行った国は表10－3に示す4カ国である。

この打ち上げは、高度約100キロメートルの極・円軌道を周回する「かぐや（主衛星）」と、より高い楕円軌道を周回する2機の子衛星（「おきな（リレー衛星）」と「おうな（VRAD（ブイラド）衛星）」）から構成された。「かぐや（主衛星）」は、2009年2月11日から低高度に移行し詳細な月の観測を行い、2009年6月11日に月の表側に制御落下した。

日本は軟着陸を目指し、2023年9月7日、小型月着陸実証機SLIMを打ち上げ、月への高精度着陸技術の実証を目指している（2023年10月現在、月を目指して飛行中である）。

②人工衛星打ち上げの手段

ある物体を地球の人工衛星とするためには、その物体を最低でも秒速7・9キロメートル（音速の約23倍（マッハ23））まで加速する必要がある。この最低速度を第1宇宙速度と呼ぶ。さらに秒速11・2キロメートル（第2宇宙速度）を超えると地球の引力を振り切り、火星など太陽系内の他の天体へと飛行することが可能となる。第3宇宙速度（秒速16・7キロメートル）を超えると、太陽系外に飛び出すことができる。

この速度まで物体を加速する方法がロケット推進である。ロケット推進は推進剤（燃料）と酸化剤を混合させ燃焼することで発生する燃焼ガスを噴射し、その反作用によって推進力を得る仕組みである。ロケットエンジンには液体燃料方式、固体燃料方式の2種類がある。

ロケット推進以外の宇宙空間における推進方法としては、電気推進が人工衛星や小惑星探査機において実用化されている。推力自体は小さく地上からの打ち上げには適さない。将来に向けては、惑星間移動用に原子力推進などの新たな推進手段を使うことも検討されている。

前述のように、物体の速度が秒速7・9キロメートルに達すると人工衛星になる。それより遅い速度の2〜7キロメートル／秒で打ち上げると地上に戻ってくる。これが弾道ミサイルである。弾道ミサイルと人工衛星打ち上げでは目的が違い、ペイロード（搭載物）が異なるが、使われる技術はロケット推進、慣性誘導など基本的に同じである。このことからも、宇宙技術は軍事技術そのものであることがわかる。

有人宇宙船の場合は、地球帰還のため大気圏再突入の技術が必要となる。再突入技術は日本の場合「はやぶさ2」等で実証されているが、これも弾道ミサイルに必要な技術である。

③人工衛星の軌道

人工衛星の軌道には、高度による分類（低軌道、中軌道、高軌道）や、軌道傾斜角（赤道面に

［表10－4］主な衛星軌道の定義

区分	定義
低高度軌道（低軌道） （Low Earth Orbits: LEO）	高度2,000㎞以下の地球周回軌道
中高度軌道（中軌道） （Medium（mid）Earth Orbits: MEO）	高度2,000㎞から高度約36,000㎞まで
静止軌道 （Geostationary（Geosynchronous）Earth Orbits: GEO）	高度約36,000㎞赤道上空を23時間56分で周回する軌道

［図10－1］代表的な衛星軌道

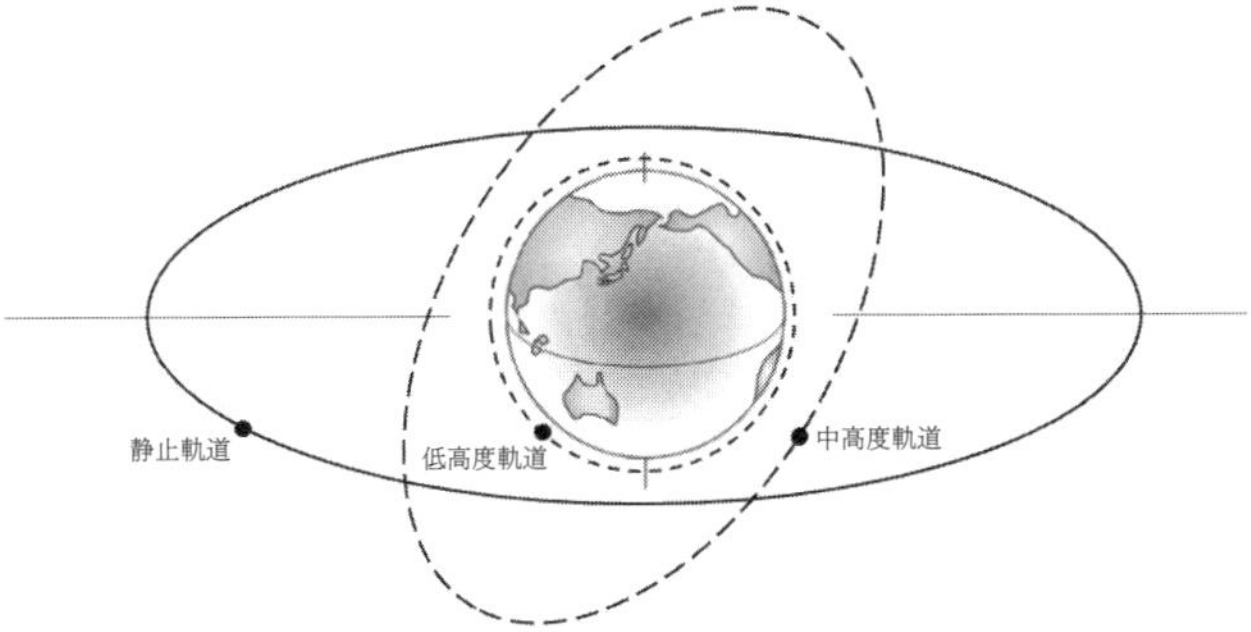

（出所）筆者作成

対する角度）等による分類（極軌道、太陽同期軌道、静止軌道、円軌道、楕円軌道、準天頂軌道（QZO）等）などの分類方法がある。高度により分類した軌道と静止軌道の定義を表10－4に、代表的な軌道の例を図10－1に示す。

高度400〜800キロメートルの低軌道には国際宇宙ステーション、ハッブル宇宙望遠鏡、地球観測衛星、偵察衛星等が周回している。高度約3万6000キロメートルの赤道上を周回する人工衛星は地球の自転速度と同じになり、地上からは一点に静止して見えることから静止衛星と呼ばれる。静止軌道上には通信衛星、放送衛星、気象衛星等が運用されている。静止軌道上に配置できる人工衛星数には限界があり、各国の国益とも関連することから、その配置については国際通信連合（ITU）で国際的な調整が行われている。

2 宇宙利用の現状

①宇宙利用の目的

宇宙利用は、地上における人間活動を支援する手段として使われている。最も一般的な利用方法は、宇宙空間から何らかの情報を地上に配信（放送衛星、気象衛星）する、あるいは通信を中継（通信衛星）する、などである。

宇宙空間から光学センサやレーダセンサを使用して地球表面を観測する地球観測衛星は、地球上の気象状況、土地利用、資源の分布などを観測するために用いられる。地球観測衛星のなかでも軍事用途のものは偵察衛星と呼ばれ、諸外国の軍事施設や部隊の移動等を把握するために使用される。近年では海洋状況監視（MDA）や災害状況の把握など、広い意味での安全保障にも人工衛星が使用されるようになっている。さらに他国の人工衛星や宇宙デブリを監視するための宇宙監視衛星も登場してきた。

一方、ハッブル宇宙望遠鏡に代表される科学衛星（天文衛星）のように、軌道上から宇宙空間を観測し、データを地球に送信する人工衛星も存在する。2021年12月に打ち上げられたジェイムズ・ウェッブ宇宙望遠鏡はハッブル宇宙望遠鏡の後継機であり、月の外側のラグランジュ点(天体において重力の釣り合う点)を回るハローと呼ばれる軌道に投入され、深宇宙の観測能力を飛躍的に向上させた。

高度約2万キロメートルの軌道を周回するGPS等の測位衛星は、ミサイルの誘導などの軍事目的で開発され、自らが発する信号によって測位・航法・計時(PNT)情報を提供する。このシステムは民間に開放され、カーナビゲーションや携帯電話などの個人ナビゲーションシステム、さらには航空機、船舶の航法、測量など幅広い分野で利用されている。

測位衛星には米国のGPS衛星、ロシアのグロナス(GLONASS)衛星、欧州のガリレオ衛星、中国の北斗(英語名はCompass)衛星、インドのNavICシステムなどが運用中である。

日本の準天頂衛星システム(QZSS)は、日本の真上(準天頂)に約8時間とどまることができるようにした独自の測位衛星システムである。準天頂衛星は地球の自転周期と同じく1日に1回地球を回り、軌道を斜めに傾けることによって地球上の特定地域の上空に長時間滞在できるようにした軌道である。

現在、準天頂軌道4機の運用が開始されており、今後静止軌道2機、準静止軌道1機の追加を行い7機体制にすることを計画している。

情報配信や通信中継以外の人工衛星、宇宙ステーションの用途としては、実験場としての宇宙空間利用が挙げられる。例えば国内宇宙ステーションでは、微小重力や高真空の環境を利用した各種の科学実験が実施されている。また、人工衛星の区分から外れるが、「かぐや」や「はやぶさ2」のように月、惑星、小惑星、彗星などを調査する目的で各種の探査機も多数打ち上げられている。米国、中国は火星へ無人探査機を着陸させ調査を行っている。

今後については、弾道宇宙飛行や宇宙ホテルによる宇宙観光、小惑星から希少資源を採掘するなど、商業的な宇宙利用の可能性が見込まれる。宇宙太陽光発電システム（ＳＳＰＳ）等の巨大建造物を軌道上に建設することも検討されているが、その実現には安価な大量宇宙輸送システムや遠隔送電技術などの実用化が不可欠であり、長期的な課題として研究が続けられている。

②人工衛星の国別利用状況

稼働中の人工衛星の国別保有数は米国が４５２９機（86％）、中国が５９０機（９％）、ロシアが１７４機（３％）となっている。その他は１４５２機（21％）である。このなかに米国、欧州等が打ち上げた他国の多数の衛星が含まれているほか、日本が打ち上げた71機も含まれている（２０２３年１月現在）。この数字からも米国の宇宙利用が突出していることがわかる。このことは宇宙への依存度が高いということを意味しており、逆に脆弱性として現れる可能性もある。

米国の新興宇宙企業であるスペースＸ社は低軌道に多数個の人工衛星を軌道上に配置し一体的に運用する衛星コンステレーションを構築し全地球高速インターネット回線スターリンクの提供を始めている。この衛星コンステレーションを構築するために、２０２２年１年間だけで、１０００機以上の衛星を打ち上げた。現在３０００機の衛星が稼働中で、将来的には１万２０００機とする計画である。このように低軌道の人工衛星数が爆発的に増加し、それにより衛星同士の衝突や宇宙デブリとの衝突が起きるリスクが高まってきている。

③宇宙デブリ問題

(ア)現況

1957年にスプートニクが打ち上げられる以前、人工的な物体は宇宙には存在しなかったが、宇宙利用が進むにつれ宇宙空間には多数の人工物体が存在するようになってきた。

宇宙デブリとは、何らかの有用な機能を喪失した後も地球軌道上にとどまっている人工物体であり、多くは使用済みとなった人工衛星、ロケットの一部、それらの破片等である。稼働中の人工衛星に加え、これら宇宙デブリも同じように長期間にわたり軌道を周回し続ける。

2007年に中国が寿命の尽きた自国人工衛星に対衛星兵器（ASAT）による破壊実験を行った結果、3000個以上の宇宙デブリが発生した。2009年にはロシアと米国の人工衛星が衝突して2000個の宇宙デブリが発生したとされる。その後インドが2019年にASAT実験を行った。これはインドが欧米諸国とつかず離れず独自路線を進めていることの証左でもある。

2022年1月時点で、人工衛星を含め軌道上に存在する物体の数は、ソフトボール大以上（10センチメートル以上）のものが2万5000個以上、直径1～10センチメートルは約50万個、1ミリメートル以上は100万個以上、その総質量は9000トン以上と言われている。

宇宙デブリ同士が衝突すると宇宙デブリの数も増え、これがさらに衝突することによって宇宙デブリの数が連鎖的に増加する「ケスラーシンドローム」と言われる「自己増殖」が起きることが危惧されている。このようなことが起き始めると、宇宙デブリが稼働中の人工衛星、宇宙ステーションに衝突し、被害を及ぼす恐れがある。宇宙デブリは大幅に増加しているため、偶発的衝突事故が懸念され、対策が急務となっている。

1959年、第14回国連総会において「宇宙空間の平和利用に関する国際協力」の決議を採択し、宇宙空間平和利用委員会（COPUOS）を常設委員会として設置した。宇宙空間の研究に対する援助、情報の交換、宇宙空間の平和利用のための実際的方法および法律問題の検討を行い、国連総会に報告する。現時点の構成国は日本を含む74カ国である。COPUOSにおいて、宇宙デブリを増やさないようにするため、2007年に「宇宙デブリ低減ガイドライン」を取りまとめている。

宇宙デブリは米国映画「ゼロ・グラビティ」（2013年）にも取り上げられるほど、現実的な問題になっている。今後は、宇宙デブリの発生を抑制する対策と同時に宇宙デブリの除去が大きな課題となる。

地球軌道上の宇宙デブリの状況については、NASAがイメージ画像を公開している（図10－2）。各軌道上に多数の宇宙デブリが人工衛星とともに帯状に周回しているのが見られる。

(イ)宇宙デブリ監視

図10-2　低軌道および静止軌道における宇宙デブリのイメージ

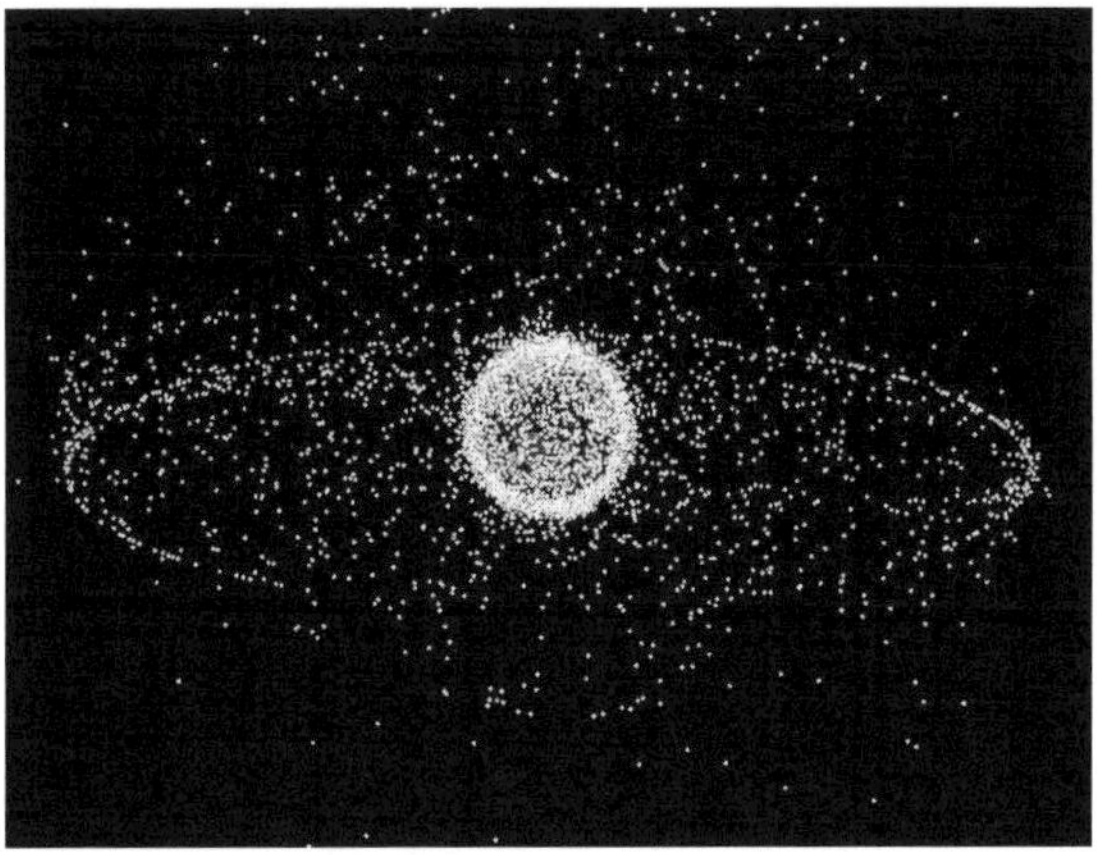

（出所）NASA

宇宙デブリ監視のため宇宙状況把握（ＳＳＡ）システムの必要性が叫ばれている。地上からの観測能力として日本では、ＪＡＸＡが岡山県に美星スペースガードセンター（光学）、および上斎原スペースガードセンター（レーダ）を設置し、既にＳＳＡシステムを運用している。

防衛省も宇宙監視用レーダを新設し、ＪＡＸＡ、米軍との情報共有を行いつつＳＳＡ体制の整備を進め、２０２３年度から運用開始の予定である。将来的には衛星による監視も計画されている。

(ウ)デブリ除去

宇宙デブリの根本的対策は発生させないことである。デブリの発生を抑えるためのガイドラインは前述のＣＯＰＵＯＳの「宇宙デブリ低減ガイドライン」に示されているが、既に発生しているデブリに対しては、除去が必要である。

除去を実施するためには、スペースデブリへ接近するためのランデブ技術が必要である。ＪＡＸＡは「スペースデブリを除去するにあたって、デブリへの安全かつ確実なランデブ（接近）技術が必要となります。ＪＡＸＡでは宇宙ステーション補給船『こうのとり』の開発を通じて、宇宙空間を飛行するターゲットに対するランデブ技術を培ってきました。（中略）またデブリ捕獲宇宙機は回転しているデブリに対して接近し捕獲する必要があります。これらの課題を解決するために、研究を進めています」としている。

また、日本の新興宇宙企業のアストロスケール社は、衛星運用終了後のデブリ化防止のための除去、既存デブリの除去などの事業に乗り出している。デブリ除去技術は、正常に機能している衛星に接近し破壊することも可能となる技術である。また、レーザーを使った宇宙デブリ除去方式の検討もされており、レーザー搭載衛星開発は軍事衛星破壊を狙ったデュアルユース技術の開発だと中国は疑っている。

3　安全保障における宇宙利用

①国際宇宙法

国際宇宙法によれば、宇宙天体（月、小惑星、惑星など）の軍事化・軍事利用は禁止されているが、国が打ち上げる人工構築物（衛星、宇宙船、宇宙ステーションなど）の軍事利用については言及されていない。

攻撃能力のある宇宙物体については、宇宙空間軌道上に核兵器などの大量破壊兵器を打ち上げることは禁止されているが、通常兵器については言及されていない。つまり、キラー衛星等の衛星攻撃兵器（ASAT）等は禁止されていないと考えられる。さらに、宇宙空間を一時的に通過する弾道ミサイルについても禁止されていない。

つまり、国際社会における共通認識は大量破壊による「兵器化」は禁止しているが、地上の軍事活動を支援する「軍事化」は許容していると考えることができる。

②宇宙は戦闘領域

米国は、トランプ大統領が宇宙軍創設を打ち出し、2019年2月に「宇宙軍」が創設された。米国の安全保障における宇宙利用は従来地上における軍事運用への支援が任務であったが、今や宇宙空間が戦闘領域になったとの認識に変わった。

米国（NSSS 2011）において、宇宙の戦略環境で考慮すべきこととして、「宇宙の3C」を挙げている。それらは、「混雑（Congested）、闘争（Contested）、競争（Competitive）」である。

- 混雑：既に述べたように、多数の宇宙デブリが周回している状況であり、小型衛星の増加数も急激である
- 闘争：中国、ロシアがASAT実験を行い衛星に対する脅威を明確にし、その後、インドもASAT実験を行うことで宇宙における脅威が顕在化している

●競争：中国が2019年1月にダークサイドとも言うべき月面の裏側に人類として初めて無人探査機を着陸させた。さらにインドが2023年8月に中国に次ぐ4カ国目として月の南極付近への無人探査機着陸を成功させるなど新しい領域への挑戦が続いている

まさに宇宙利用は地上への支援だけでなく、宇宙空間も戦闘領域になりつつあるということである。

日本においても、2018年の防衛大綱（2018年12月18日）において、能力強化すべき領域として「宇宙・サイバー・電磁波領域（ウサデン）」を取り上げた。

防衛省は2019年12月、航空自衛隊に「宇宙作戦隊」、2022年3月「宇宙作戦群」を新編し、宇宙への取り組みを明確にした。

宇宙に関しては、宇宙の安定的利用、情報収集・通信・測位、地上および宇宙からのSSA、機能保証（MA）、優位性確保（機能保証と相手側C4I（指揮・統制・通信・情報）への妨害）、民間技術との連携、他省庁・海外（JAXA、米国、友好国等）との連携、体制構築（宇宙領域を専門部隊や職種の新設等）、宇宙分野での人材育成と知見の蓄積と多岐にわたり、その実行が期待されるところである。

さらに、2023年に日本の「宇宙安全保障構想（2023年6月13日　宇宙開発戦略本部決定）」が決定された。このなかで、三つのアプローチを示している。

第一：安全保障のための宇宙システム利用の抜本的拡大（宇宙からの安全保障）

第二：宇宙空間の安全かつ安定的な利用の確保（宇宙における安全保障）

第三：安全保障と宇宙産業の発展の好循環の実現

このように日本としての宇宙安全保障政策を進めることになった。

③シスルナ空間

地球から月までの距離は38万キロメートルであり、静止軌道の10倍以上の距離になる。静止軌道から月軌道の外側までをシスルナ空間と呼び、宇宙利用の拡大とともに重要な空間になっていくと考えられている。さらに遠く火星へ行く場合は、月または月周辺の軌道が中継点となる。

米国はアルテミス計画で再び人類の月着陸を目指しており、これには日本も参加している。中国による月の裏面への無人機着陸、インドの月の南極付近への無人機着陸が示すように月面が今後の競争の場となってくる。

月の利用など宇宙空間における活動領域が拡大し、シスルナ空間から、さらに火星へと拡大していく方向となり、さらなる競争の場となってきている。

④今後の安全保障宇宙利用

このように、宇宙は、低軌道（ＬＥＯ）～静止軌道（ＧＥＯ）までの地球圏を主として利用されてきた。そのなかで、日本としては、今後以下のことを考えていく必要がある。

- 観測能力として偵察衛星、早期警戒衛星（低軌道衛星コンステレーションを含む）、ＳＳＡ衛星、電子情報（ＥＬＩＮＴ）衛星、シギント（ＳＩＧＩＮＴ）衛星などの能力強化

●通信能力として、静止通信衛星だけでなく、スターリンクのような、低軌道衛星コンステレーション利用による抗たん性の確保
●測位能力の向上のため、米国ＧＰＳ衛星補完機能を持つ準天頂衛星の整備
●宇宙システムの防護のため、ＳＳＡの能力向上と対キラー衛星システムの研究

⑤先端技術としての宇宙

宇宙技術は先端技術であり、日本の技術力向上のために国として力を入れていくべきである。そのための一つの方策として、安全保障の位置づけを明確にし、ＪＡＸＡ主導の国家プロジェクトの他にベンチャー支援、Cubesat（超小型衛星）支援などを一層強化し「日本のロケットで、日本の衛星を打ち上げる」ことを優先する政策を考えるべきである。日本に打ち上げ能力がないのなら別であるが、わざわざ他国に頼むことはないのである。それを実現するための政府支援の政策を明確にし「日本のロケットと衛星を優先的に使う制度、体制をつくるべき」である。

宇宙利用のために開発している技術、宇宙探査のために開発している技術、すなわち兵器目的ではなく開発している技術、言い換えると平和目的、あるいは商用目的で開発したシステムが使い方によっては兵器になる。宇宙技術はその生い立ちから考えても軍事技術そのものである。

宇宙関連の研究開発を行っている研究者、技術者は自分の研究している技術が兵器に応用されるのだということを「考えたこともなく、考えたくもない」かもしれないが、自分の持っている能力を知り、その影響がどれだけあるか「考えたくないことを考えて」おくべきである。

つまり、技術は常にデュアルユースであり、技術によっては何でもオープンにすべきでなく適正な管理をしなければならないということである。適正な管理とは、制度、設備などの充実に加え、究極は従事する人の問題となる。

世界は日本の技術を狙っている。先端技術に携わる研究者、技術者は、自分の研究の価値を自覚すべきである。その研究成果のために国は、宇宙分野を含めたセキュリティ・クリアランス制度を整備すべきである。

【参考文献】

・NASAホームページ　https://www.nasa.gov/
・JAXAホームページ　https://www.jaxa.jp/
・UCS Satellite Database　https://www.ucsusa.org/resources/satellite-database
・宇宙政策の動向：科学技術に関する調査プロジェクト2016報告書（国立国会図書館　2017年）https://dl.ndl.go.jp/pid/10314923

第11章

中国などによる先端技術・情報入手をどのように防ぐか

横尾洋一
経済安全保障マネジメント支援機構研究員（元公安調査庁次長）

Point

- 最近の懸念国（特に中国）への技術・情報の流出経路としては、投資・買収、人材リクルート、共同研究・共同事業、留学生・研究者、不正調達、諜報活動、内部脅威、合弁等を通じた技術・情報の吸収、などが考えられる。今後、法的な規制をかいくぐるような巧妙な手法を行使してくることが懸念される。
- 中国の法制度が国民に情報収集活動を義務づけることを可能としていること、親族等を人質として国家の命令を強要しているという可能性があることなどを考慮すると、個別の流出経路ごとの対応はもとより、経済インテリジェンスの強化、官民による情報保全体制の構築など、包括的な対策が効果的抑止に不可欠と思われる。
- 経済インテリジェンスの強化は政府一体で取り組むことが必要であり、法執行や政策遂行とは独立して経済安全保障に係る情報の収集・分析を行う機関を設立すべきである。官民による情報保全体制においては、情報の機微度・重要度に応じた体系的な保全措置（セキュリティ・クリアランス制度の整備や機密情報を不当な手段で探知・取得するなどの行為の罰則化）を確立することが望ましい。また、民間部門は、政府が公表している情報保全のガイドラインを参考にしてできる限りの対策を講じることが必要である。

1　最近の懸念国への技術・情報の流出事案に見られる特徴

日本の企業・大学等からの技術等の流出経路は、①投資・買収、②人材リクルート、③共同研究・共同事業、④留学生・研究者、⑤不正調達、⑥諜報活動、⑦内部脅威、⑧合弁等を通じた技術・情報の吸収など、多岐にわたる。以下、それぞれの流出経路ごとに最近の流出事案の特徴点や留意点について見ていくこととする。

①投資・買収を通じた技術・情報の流出

投資・買収を通じた技術・情報の流出については、外為法による外資による対内直接投資規制回避のため日本の企業に対して直接投資をしたり買収をしたりすることをせず、間に日本人（帰化した者も含む）を挟むなど、外国資本であることを隠蔽するような手法を行使してくることが懸念される。具体的には、実質的に中国の影響下にあると見られる日本人による投資・買収や、中国の投資家が日本に新たに設立した法人等を通じて企業の買収や高度人材の獲得を企図するようなことが考えられる。

また、日本には、中国にとって魅力的な技術やノウハウを有している中小企業が多数存在する一方で、2025年には経営者が70歳以上となる中小企業等が約245万社まで増加し、これらの多くが後継者不在により廃業・倒産の危機に直面すると予測されている。こうした事業承継問題を抱えつつも高い技術等を有する中小企業が中国による技術獲得目的での投資・買収の対象となる可能性にも、留意しておく必要がある。

②人材リクルートを通じた技術・情報の流出

実例を検討すると、人材リクルートの対象に、高度な技術を有する幅広い分野の研究者のほか、重要技術を有するまたは重要技術にアクセスできる企業の従業員が選ばれることが考えられる。また、勧誘に当たっては、高額の報酬や住宅、役職など魅力的な条件が提示される半面、知的財産の引き渡しや研究内容の口止めなど、中国を一方的に利する契約の締結を求められたりすることも考えられる。

さらに、高度な技術を有する定年退職者（近年では管理職ポストを外れ給与水準が下がる役職定年者も対象となり得る）、職場で冷遇され不満を持っている者などを高額な報酬など有利な条件を提示してリクルートすることも考えられる。

③共同研究・共同事業を通じた技術・情報の流出

米国の米中経済安全保障調査委員会（USCC）は2019年、「中国は、特に米国とその同盟国やパートナー国との共同研究などの手段を用いて、技術を積極的に獲得してきた」などと指摘している。

共同研究または共同事業の相手が、中国人民解放軍とつながりのある場合、研究・事業の成果が軍事転用される恐れがある。また、共同研究・共同事業を通じて、当該研究・事業に関与した技術者等がリクルートの対象となる恐れもある。

外部との共同研究・共同事業に際して、相手側から多額の資金提供の提案があった場合には、研究成果の帰属や活用の範囲を確認したり、リスク評価を実施したりすることが重要である。

④留学生・研究者を通じた技術・情報の流出

留学生・研究者に関しては、中国人民解放軍系大学に所属するなど過去の経歴を秘匿し日本の大学や研究機関等に派遣された者が、帰国後、軍事研究に従事することが懸念される。

また、中国人の留学生・研究者が人民解放軍とつながりを有する場合（帰国後新たに人民解放軍とのつながりを持つ場合も考えられる）、提供した技術が、ミサイル、戦闘機といった兵器等の開発や性能向上に利用される恐れがある。

研究室等で重要技術を扱う場合は、研究データ等の管理も重要である。

⑤不正調達を通じた技術・情報の流出

不正調達に関しては、中国のみならずロシアや北朝鮮などを含む懸念国の軍需産業等との関係性を秘匿するフロント企業を通じて、虚偽の最終需要者や用途を申告するなどして、日本企業か

［表11－1］

	動向	留意点
①	複数の企業やブローカーが介在	最終需要者を秘匿している可能性
②	突然の最終需要者変更	最終需要者を秘匿している可能性
③	同一製品が同時期に複数の引き合い	最終需要者が同一の可能性
④	発注元のホームページが存在しない	発注元に実体がない可能性
⑤	異なる発注元の連絡先が同一	発注元が事実上同一の可能性
⑥	用途と製品のスペックの不釣り合い	用途を秘匿している可能性

（出所）公安調査庁パンフレット「経済安全保障の確保に向けて」

ら製品等を調達することが懸念される。

不正調達に関しては、発注元の事業内容と販売製品が合致するか、発注数量、用途、最終需要者等に不審な点がないかを確認することが重要である。また、国内にも、外国の不正調達に協力する企業・個人が存在する恐れがあるほか、表11－1のような動向等に留意する必要がある。

なお、輸出規制等の制裁措置を受ける懸念国は、日本企業の海外法人等も標的として必要な製品等を調達しようとする可能性がある。また、日本企業の製品が意図せず懸念国や紛争地域等で発見された場合には、当該企業のレピュテーションにも大きな影響を及ぼす可能性もあるため、不審な引き合いを受けた場合には慎重な対応が求められる。

⑥諜報活動を通じた技術・情報の流出

情報機関員は、公私の場を問わず偶然を装って標的とする人物に接触する。接触の際には、身分を偽装するケースも考えられる。接触後は、様々な口実を設けて「1対1」での面談を図るなど、標的とする人物との関係構築に注力する。その後、簡単なものから情報を要求し、徐々に要求をエスカレートさせ、最終的に圧力をかけるなどして重要な情報の入手を図る。

「1対1」での面談を執拗に求められたり、金品・飲食等の提供など過剰な便宜供与の見返りとして技術等の提供を求められるなど、少しでも不審な点を確認したら、決して「個人」で対応することなく、早期に「組織」で対応するよう心がけることが重要である。

情報機関員が、自らの諜報活動に活用するため、日本においてペーパーカンパニーの設立を企図したり、諜報活動に協力する外国人に偽装の査証を取得させたりする可能性にも留意することが必要である。

⑦内部脅威による技術・情報の流出

在職中にはなんら不審な行動は見せず、退職等当該職場を離れる機会に機密情報、資料を持ち出すようなことも懸念される。当該組織、企業の機密情報、資料を入手させる目的で、当該組織、企業に送り込まれた者が存在する可能性もある。そのような者は送り込みを企図した国や組織の指導を受けていると考えるのが普通であり、送り込まれた者自身がいわゆるプロの諜報員であるとすれば、情報漏洩が起こる前にこの手の事案を発見することは困難である。資料や情報を安易に持ち出しできないようきちんと管理してスキをつくらないようにすることは、このような内部脅威に備えるうえでも、大事であると思われる。

⑧合弁等を通じた技術・情報の吸収

中国では当初有利な条件で外資を誘致して各種の優遇措置を施したりするが、当該外資の技術を使った製品を自国で量産できるようになると対応を格下げして冷遇することが相当行われている。最近では、電気自動車（ＥＶ）の分野でこのような事例が確認されている。こうした動きの背景には、ＥＶの分野でのサプライチェーンを中国国内で完結させようという中国側の意図があると思われる。

米国の対中規制強化の方針が変わらないことは、中国側も当然認識しており、中国としても経済安全保障の観点から主要な産業分野においてはサプライチェーンを中国国内にとどまるように仕向ける戦略を取っていると思われる。であるとすれば、中国が国家安全保障上重要と位置づけるＥＶ以外の分野においても、外資の技術を吸収しつくした後これを排除していくことは十分に起こり得る。

2　懸念国への技術・情報流出を防止するために必要な対策（個別の対応など）

①技術・情報の流出経路ごとの対応

前節①で触れた投資・買収については、外為法の外資による対内直接投資規制、共同研究・共同事業、留学生・研究者などを通じた重要技術・情報の流出については外為法によるみなし輸出規制や秘密保持契約の締結、不正調達については外為法による輸出規制で相当程度対応可能と思われる。

人材リクルートについては、人材そのものの転職等を法的に規制するのは困難であるが、企業等が重要な情報を扱う可能性がある従業員との間で秘密保持契約を締結することにより、ある程度リクルートによる技術・情報の流出を防止することは可能と思われる。

諜報活動、内部脅威については、直接的に防止することは相当困難と思われる。こうした不法・不当な行為を抑止するには、少なくとも、官民で協力して、情報保全体制を整備して懸念国のプロの工作員による諜報活動や組織内への浸透をしにくくするとともに、国として保護すべき重要な情報の保全を害する行為については、刑罰を科すことなどが必要と思われる。

合弁等を通じた技術・情報の吸収への対応については、これまで以上に中国の経済安全保障上の戦略を認識しておくことが肝要である。

すなわち、中国は、米中対立の長期化を見越して経済安全保障上の戦略として、国家安全保障上重要と考える産業のサプライチェーンを自国で完結させることを目指しており、このことは投資判断の際のリスクとして明確に意識する必要があるということである。

また、コア技術さえ移転しなければよいと考えるのも問題で、先端的な技術でなくともその技術を吸収・使用した製品を中国企業が大量生産して過当競争を仕掛けて、日米欧の企業の国際競争力を失わせ、結果的に当該製品に対する中国依存が生じてしまうリスクにも留意すべきである。

②中国が獲得できていない35の「ボトルネック」技術

以上、最近の内外の技術・情報流出事案における特徴や留意点などについて流出経路ごとに述べてきたが、懸念国、特に中国がどのような分野の技術・情報を狙ってくるのかについて参考事項を挙げておく。

日本国際問題研究所が2023年3月に発表した「経済・安全保障リンケージ研究会　最終報告書」第6章「中国の安全保障確保にかかる経済施策と研究開発の動向」（土屋貴裕・京都先端科学大学准教授）は、「2020年9月14日付『科技日報』紙では、中国がまだ獲得できていない35の『ボトルネック』技術が指摘されたが、これらはコアパーツ、キー・基礎材料、先進基礎技術、産業技術基礎に分類することができる」としている。さらに同最終報告書では、「解決策として手っ取り早いのは、海外から技術・製品を『獲得』することである」とも指摘している。

35の「ボトルネック」技術のなかには「フォトレジスト」のような日本が強みを有するものもあるので、今後、中国がこうした技術を獲得するために様々な工作を仕掛けてくる可能性は大きいと思われる。

第1節で掲げた個別の経路による技術・情報の流出を防止の概要は以上の通りであるが、中国など懸念国による不法・不当な技術・情報の流出事案を包括的に抑止するためには、①経済インテリジェンスの強化、②政府による情報保全措置の整備、③民間における情報管理の徹底、が必要と考えられる。以下、それぞれについて述べたい。

3 懸念国への技術・情報流出を防止するために必要な対策
——経済インテリジェンスの強化

①具体的な課題

経済インテリジェンスの具体的な内容は、その大半が中国の日本に対する不法・不当な（経済的）働きかけに関する情報収集・分析であると思われる。

約70万人ともされる在日中国人の大半は真面目な方々であるが、中国共産党、中国大使館の命令により日本の国益を害する行為を行っている者がいることも事実である（最近のわかりやすい例として、日本に2カ所存在しているとされる中国警察の活動などが挙げられる）。

特に中国に関して言えば、中国本国に在住する肉親や知人を人質に取る形で在日中国人に中国本国の意に沿う行為を強要するとも言われている。中国の法律などでは、中国政府は在日中国人に対して情報提供などを命じることができる仕組みとなっている。

こうした事情を考慮すると、個別の対日有害活動に法規制を実施していくことはもとより、そうした活動の背景事情を把握して中国による日本の技術・情報を不法・不当に入手することを抑止する包括的な戦略を練り上げていくべきと考える。

技術・情報流出の防止を含む経済安全保障の確保という観点から、経済インテリジェンスの強化を進めていくのであれば、必然的に対外情報収集活動についての具体的かつ本格的な検討も必要となる。

②方向性

経済インテリジェンス強化の方向性について、ここでは大きく以下の三点を挙げておく。

第一に、経済インテリジェンス活動を行う機関と具体的な法規制を行う機関は分離しておくべきと考える。インテリジェンス機関が収集した情報のなかに情報源を秘匿すべき人的情報が含まれている場合、法規制が実施され不利益を受けた者に対して当該人的情報を含む法規制の根拠を明示することは、デュープロセスの観点から当然である。

この場合、人的情報の情報源が暴露される可能性が生じてくる。インテリジェンス機関としては、情報源の保護という生命線が害されることは何としても避けたいところである。インテリジェンス機関の人的情報を具体的な法規制の根拠として利用することと、人的情報の情報源の秘匿・保護は、いわば二律背反の関係にある。この点をどのように調整するのかが問題となる。

一つの妥協点として、インテリジェンス機関は、収集・分析した情報（特に人的情報）は、法規制を実施する機関に提供する際、情報源が暴露されないようサニタイズ（サイバー攻撃につながるような文字の無効化）して提供し、具体的な法規制は、インテリジェンス機関により加工された情報や他の情報・資料を根拠として実施されるような仕組みを整えることが考えられる。

すなわち、不服申し立て（行政訴訟も含む）を通じた一連の法執行過程とインテリジェンス活動は別立てとして、情報源保護というインテリジェンス活動の核心部分は維持すべきである（余談になるが、インテリジェンス機関は、活動実態を隠蔽している、違法なことや表にできないやましいことをやっているからだろう、という批判を受けることがある。インテリジェンス機関は決して違法な活動は行ってはいない。活動内容を秘匿しているのは、人的情報の情報源の保護を徹底させるためである）。

第二に、経済インテリジェンス（これはインテリジェンス全般について言えることであるが）活動を行う機関は、具体的な政策を策定・実施する機関とも分離しておくべきと考える。情報収集・分析の一連の過程に極力バイアスを排除するということは大変大事なことであり、特に、政策決定者にとって都合の悪い情報の取り扱いは中立的なインテリジェンス機関で行い、客観的な形で政策決定者に届ける仕組みを整えることが必要である。

第三に、政府一体としての取り組みを行う体制を整備すべきと考える。現在日本においても様々な機関がインテリジェンス活動を実施しているが、経済インテリジェンス活動やその先にある対外情報収集活動については、国際テロ情報などごく限られた分野についてのみ行われているのが実情と思われる。中国をはじめとする懸念国相手のインテリジェンス活動はこれまで本格的に取り組んでこなかった領域なので、具体的活動内容などについて詰めていくと、様々な論点が出てくると思われる。

これらをきちんと検討し実施に移していくことは、個々のインテリジェンス機関任せでよいという話ではなく、日本国政府全体として行っていくのが筋であると思われる。理想的な話をすれば、内閣官房内か外務省内に対外情報機関とも言える組織を創設し、情報収集について具体的なオペレーションの内容を詰め、できるものから実施をして、収集した情報に高度な分析を加えていくという任務を付与すればよいと考える。

情報収集活動、特に人的情報の収集活動は、情報源の選定や手法を含め慎重のうえにも慎重に進めていくことが肝要で、これまでそういった任務を担ってきた国内の各インテリジェンス機関の知見や経験を十分に活かすことが求められると思わる。

情報の分析についても、最先端のＡＩを活用するなど高度な手法を駆使できる者、対象分野について最先端の知見を有する者などトップレベルの優秀な人間にこれを担わせるようにすべきである。人材の育成についても当然力を入れて行っていくべきだが、当面の間は既存の各インテリジェンス機関の者を利用するのが現実的と考える。

なお、誤解なきよう申し上げておくが、筆者は決してＴＢＳのテレビドラマ「ＶＩＶＡＮＴ」で描かれた「別班」のような組織をつくるべきと言っているわけではない。

対外情報収集・分析を担う新組織を創設するとしても、当該組織の活動は日本の法令を遵守して行われるようにすることは、日本が法治国家である以上、当然のことと考える。特に、法規制を行う際の根拠となる情報の収集については、デュープロセスの観点から不法・不当な手段で入手したものであってはならない。また、法規制の根拠とならない、政策決定に寄与させるために提供する情報の収集についても、現行法令で認められる範囲内で実施すべきことは当たり前のことである。

仮に、法令違反の活動を認めるのであれば、当然現行法令に抵触する任務を遂行することに対する免責を法律で認めるべきであり、かつ、対外情報機関の活動については民主的な統制を行うような仕組み（衆参両議院の秘密会における法令に抵触する業務の実施状況の報告など）を設けるべきと考える（そのような仕組みを設けたとしても殺人や誘拐などの凶悪犯罪をはじめ何でもありというのは行き過ぎのように思われる）。

4 懸念国への技術・情報流出を防止するために必要な対策
——政府による情報保全措置の整備

①流出防止措置の対象となる情報の機微度に応じた保全措置の必要性

技術・情報流出を防止するための方策を考えるに当たり、流出防止措置の対象となる情報を機微度に応じて整理・分類して、それぞれについて具体的な防止措置を考慮しておく必要があると思われる。

この点について、経済安全保障分野におけるセキュリティ・クリアランス制度等に関する有識者会議（以下、有識者会議）が２０２３年６月に発表した中間論点整理では、政府として厳格に管理すべき情報としてＣＩ（Classified Information）があり、「米国等では、ＣＩを漏洩した場合の被害の深刻さに応じて、トップ・シークレット（Top Secret）、シークレット（Secret）、コンフィデンシャル（Confidential）等複数の階層に分けて、機微度に応じた複層的な管理をするのが一般的」と述べている。

ちなみに日本での特定秘密は、「我が国が諸外国と締結している情報保護協定上では、トップ・シークレットとシークレットの2階層に対応する」とされている。加えて、CI以外にも何らかの形で情報保全措置を講じるべき重要な情報として、「情報の機微度はCIに指定するほどのものではないものの厳格に管理した方がよいと考えられる政府保有の情報」と「民間事業者等が保有している情報であって国として保全が必要と考えられる情報」も挙げている。

中間論点整理では、セキュリティ・クリアランスはCIを念頭においたものであるとしているが、CI以外の重要な情報にも何らかの形で情報保全措置を講じることが必要であることにも触れている。

こうした中間論点整理で示された内容を素直に受け取れば、今後セキュリティ・クリアランス制度のように政府が保有するCIの保全制度のみではなく、CI以外の重要情報も含めた包括的・体系的な情報保全制度が構築されていくことが期待される。抽象的な言い方をすれば、政府、民間が保有する情報をその機微度に応じてカテゴライズして、それぞれのカテゴリーに属する情報の重要度・機微度に応じた保全措置を検討・実施するということと思われる。

なお、2023年10月11日に開催された有識者会議における事務局説明資料によれば、秘密指定・指定解除、管理・提供ルール、漏洩や不正取得の罰則の対象となる経済安全保障上の重要な情報には、トップ・シークレットおよびシークレット級のみでなくコンフィデンシャル級のものも含まれることが明記されている。

本節の後半では、重要度・機微度が最も高いCIについての保全措置であるセキュリティ・クリアランスとCIへの侵害への対処のあり方について述べ、第5節では、CI以外の保全が必要な重要な情報を保有する民間企業等の対応について述べたい。

②セキュリティ・クリアランス制度の整備

2023年10月6日付日本経済新聞朝刊1面記事によれば、2024年の通常国会に提出する経済安全保障推進法改正案の政府原案の内容として、セキュリティ・クリアランス制度を定め、「保全すべき対象として経済制裁に関する分析情報や、宇宙サイバー分野の重要技術などを想定する」とし、機密情報の漏洩に懲役10年以下程度の罰則を設けるとのことである。また、同記事によれば、「機密情報を重要度に応じて2段階に分け」て、前述の米国の制度に対応できるよう情報を区分する仕組みにして、他の主要国とも情報共有が可能となるよう調整するとのことである。

2023年6月に有識者会議が発表した中間論点整理は、特定秘密保護法で指定される特定秘密（防衛、外交、特定有害活動の防止、テロリズムの防止）と同様厳格に管理すべき情報として、経済制裁に関する分析関連情報、経済安全保障上の規制制度における審査関連の情報、宇宙・サイバー分野等での政府レベルの国際共同開発にもつながり得る重要技術情報などを例示している。

また、中間論点整理は、「諸外国にも通用する制度を目指していく観点からは、情報指定の範囲を経済分野等も対象としていくとともに、単層構造から複層構造になるようにしていくことも検討すべきである」とも指摘している。

政府原案の内容が前記日本経済新聞の記事の通りであるとすれば、政府原案は中間論点整理の方向性に沿ったものであり、妥当なものと考える。

技術・情報流出の防止という観点からは、経済安全保障上特に重要な情報を指定して、特定秘密と同様な保全措置を取ることは望ましいことと思われる。

特定秘密に関して言えば、現在までのところ漏洩したという話は、筆者が知る限り、OBに軍事情勢を説明する際に特定秘密に指定されている資料を用いたという1件のみで、中国はじめ懸念国へ流出したという話は聞いていない。特定秘密の管理は厳格なものであり、物理的に漏洩は起こりにくくなっていると言ってもよいと思われる。

むしろ、中間論点整理で指摘されている「情報の機微度はCIに指定するほどではないものの厳格に管理した方がよいと考えられる政府保有情報」「民間事業者等が保有している情報であって国として保全が必要と考えられる情報」の漏洩が生じる可能性は特定秘密が漏洩するよりも大きく(現実に生じているのは、この分野に属する情報の流出であると思われる)、漏洩した際の影響は無視できないものと思われる。

したがって、こうした情報も秘密指定・指定解除、管理・提供ルール、漏洩や不正取得に関する罰則の対象とすべきである。そのうえで、中間論点整理が指摘しているように、アクセス権限の付与に際して「必要に応じ、信頼性の確認のための調査も含め、CIに対するものほど厳格ではないが、一定の保全措置を講ずる」ことが必要と考える。

民間事業者等自身が、保有している重要情報への従業員等のアクセス権限を付与するに当たり自主的な調査を含む保全措置を講じる必要性もあると思われるが、その際、中間論点整理が指摘する通り、プライバシーや労働法令との関係を十分に踏まえ、政府が明確な指針を出すことの妥当性の検討もすべきである。

③不当な手段による重要情報の探知・取得行為等の罰則化

一般的に外国情報機関による諜報活動を取り締まる法律が日本にはないとされているが、日米相互防衛援助協定等に伴う秘密保護法やいわゆる刑事特別法（正式名称は「日本国とアメリカ合衆国との間の相互協力及び安全保障条約第六条に基づく施設及び区域並びに日本国における合衆国軍隊の地位に関する協定の実施に伴う刑事特別法」）においては、不当な方法による特別防衛秘密、合衆国軍隊の機密の探知、収集と、これらの漏洩については懲役10年以下の懲役に処すること（双方とも未遂も含む）、このような行為の教唆、煽動も独立に処罰される旨が規定されている。

また、特定秘密保護法によれば、特定秘密の漏洩や刑法等で処罰される不法な手段で特定秘密を取得すること（双方とも未遂も含む）、これらの行為を共謀、教唆、煽動すること自体も独立して処罰されることとなっている。

したがって、特定秘密や特別防衛秘密、合衆国軍隊の機密に関しては、外国情報機関の工作員等によるこれらを入手するためのいわゆる諜報活動については、それ自体が処罰の対象となる余地はあると思われる。

特に、特別防衛秘密や合衆国軍隊の機密については、刑法等で処罰される不法な手段より範囲が広い「不当な手段」による探知行為まで処罰の対象となっており、解釈によっては、外国情報機関の工作員等による不相応な金品の供与やハニートラップなどによる情報収集行為自体も処罰の対象となると思われる。

前記以外の秘密情報の保護については、国家公務員法や自衛隊法などに、秘密漏洩やこれをそそのかす行為を処罰することが規定されている。しかし、いずれも懲役1年が最高刑であり、外国情報機関の工作員等の諜報活動を抑止するには十分とは思えない。

そこで、まず最低限の措置として、経済安全保障推進法により特定秘密と同等の保護が必要と位置づけられる予定の経済安全保障上重要な情報については、特定秘密に準じて、これらを漏洩した者、これらの情報を刑法等で処罰される不法な手段で取得した者には、懲役10年程度の罰則が科せられるようにするとともに、これらの行為の共謀、教唆、煽動も刑法上独立して処罰されるようにすべきである。

さらに、可能であれば、特定秘密やこれと同等の保護が必要と位置づけられた情報については、特別防衛秘密などと同様に、著しく不当な手段による探知、取得も処罰の対象に加え、不相応な金品の供与やハニートラップ等による情報収集行為も処罰ができるようにすることも、この際検討すべきと思われる。

また、中間論点整理が指摘した「情報の機微度はＣＩに指定するほどではないものの厳格に管理した方がよいと考えられる政府保有情報」「民間事業者等が保有している情報であって国として保全が必要と考えられる情報」のなかで特に機微度の高いものについても、漏洩した場合の経済安全保障上の影響の大きさは無視できない。

そこで、こうした情報も政府により秘密指定・指定解除がなされるようにしたうえで、秘密指定された情報の漏洩や、著しく不当な手段による取得等についても特定秘密に準じる形で罰則を科すようにするとともに、こうした行為の教唆等についても独立して処罰できるようにすべきである。

情報漏洩の教唆や探知、取得を罰則化する場合、マスコミ等による取材の自由に十分配慮して、正当な取材行為が処罰の対象とならないようにすること、その他の憲法上の基本的人権にも十分に配慮することは当然のことである。

しかし、政府が中国をはじめ懸念国への技術流出防止などの国益を図るために秘密指定をした情報について、それと知りながら漏洩の教唆をしたり、不相応な金品の供与などの手段で探知、収集する行為は、正当な取材行為の域を超えており可罰的と評価できるのではないか。

この点について、正当な取材行為か否かのメルクマールについては、いわゆる外務省機密漏洩事件の最高裁決定が「取材の手段・方法が贈賄、脅迫、強要等の一般の刑罰法令に触れる行為を伴う場合は勿論、その手段・方法が一般の刑罰法令に触れないものであっても、取材対象者の個人としての人格の尊厳を著しく蹂躙する等法秩序全体の精神に照らし社会通念上是認することのできない態様のものである場合にも、正当な取材活動の範囲を逸脱し違法性を帯びるものといわなければならない」と述べている。

また、特定秘密や特別防衛秘密、これらと同等の保護が必要とされた経済安全保障上重要な情報、特定秘密に準じる機微で重要な情報は、大きな経済価値を有するし、特定の目的が無くても秘密と指定された情報を窃取すること自体十分に可罰的と思うので、一般刑法の窃盗罪の保護の対象となる「財物」に含めることも検討すべきと思われる。

仮に秘密指定された経済安全保障上重要な情報を窃取する行為を取り締まることが可能となれば、企業等の従業員等による重要な情報の不正な取得を広く取り締まることができ、技術・情報の流出の抑止に大いに貢献すると考える。検討に際しては、いわゆる罪刑法定主義の原則を尊重して保護の対象となる情報は特定秘密または経済安全保障上重要な情報として指定された情報に限定するなど、その範囲を明確にしておくことは当然である。

5　懸念国への技術・情報流出を防止するために必要な対策
——民間における情報管理の徹底

①機微度・重要度に応じた情報保全措置の整備など

セキュリティ・クリアランス制度のもとで、ＣＩの共有を受ける民間企業は、ハイレベルな保全措置を要求されることとなる。ちなみに、中間報告は、ＣＩの共有を受ける民間企業が実施すべき情報保全措置として参考にすべきものとして、米国の国家産業保全計画（NISP）およびその運用マニュアル（NISPOM）を挙げている。

また、米国立標準技術研究所（NIST）は、秘密指定はされていないが管理が必要な情報（CUI）を対象としたサイバーセキュリティ基準である「NIST SP800－171」を策定しているが、2022年3月、防衛装備庁は、これに準拠した「防衛産業サイバーセキュリティ基準」を策定し（2023年度から施行）、防衛装備品のサプライチェーンを構成する取引企業に対して同基準への対応を求めている。

さらに、2023年7月、内閣官房サイバーセキュリティ戦略本部は「政府機関等のサイバーセキュリティ対策のための統一基準群（2023年度版）」を決定し、サプライチェーンからの情報漏洩を防止する観点から、政府業務委託の委託先に対して、前述の「NIST SP 800－171」に準拠したセキュリティ対策を明確化して、これを担保することを求めている。

こうした日本政府の情報保全の要請に対応するために、CIやCUIを共有する民間企業は、新たな投資が必要となってくると思われるが、政府からの要請には積極的に対応していくべきと考える。

CI、CUIとして管理が必要な情報以外にも不正な流出を防止しなければならない情報は当然存在する。これらの管理はCIやCUIほど厳格でないこともあり、日常的に発生するのはこうした情報の流出であると思われる。そこで、こうした情報については、不正競争防止法上の「営業秘密」として保護されることを確実にするべきと考える。そのためには、「管理性」「秘密性」「有用性」の要件を満たす必要があるが、ここでは「管理性」が最も問題となる。

要は、どの程度の管理をすれば営業秘密として保護されるのかということだが、この点については、経済産業省が「法的保護を受けるために必要となる最低限の水準の対策を示すもの」として「営業秘密管理指針」（2019年1月最終改訂）を公表している。また、より高い水準の措置を望む企業等に向けて「秘密情報の保護ハンドブック」を公開しているので（経済産業省のホームページ上で閲覧、入手できる）、これらを参考にしてできる限りの措置を施すべきと考える。

また、CI、CUIをはじめ重要な情報に接する可能性のある従業員（場合によっては全従業員）との間で、秘密保持契約（在職中のみならず退職後も秘密保持義務を負う内容のもの、契約に違反した場合には懲戒処分、損害賠償、場合によっては刑事告発もあり得ることを明示したもの）を締結しておくべきである。

ちなみに、情報処理推進機構（IPA）が約2000社を対象に実施した2020年の調査によると、従業員と秘密保持契約を結んでいる企業は56・6％であった。約半数の企業が従業員との秘密保持契約を結んでいないのが実情なので、企業側にさらなるリスク管理の意識が求められる。

加えて、従業員に対して、定期的な情報保全教育・研修を実施して、自社にどのような重要情報が存在しているか、それらはどのように管理されているか、不正行為や不注意で情報が漏洩した際の影響の大きさなどを認識させておくことも重要である。

必要な保全措置をないがしろにして自分の会社が有する重要な技術・情報が流出した場合、相当な経済的損失を被ることとなる。その場合、取締役などの経営者は法律的な責任を追及されることも覚悟しなければならない。中国などの懸念国は今後、より巧妙な手段で技術・情報の獲得工作を仕掛けてくることが予想される。経営者はリスク管理の一環として、自社の保全体制についてこれまで以上に留意しなければならない状況にある。

②懸念国、特に中国との経済・貿易面における向き合い方

最後に技術・情報の流出の話から少々飛び出してしまうが、経済・貿易面における中国との向き合い方について私見を述べておきたい。

中国による日本の技術・情報の不法・不当な入手は今後、より巧妙な形で行われると思われるものの、中国の市場は筆者が指摘するまでもなくまだまだ多くの収益機会が存在している。ただし、中国は西側のルールに従うつもりはなく、日本を含め西側諸国の技術・情報を西側の常識では不法・不当な手段で入手することについていささかも罪悪感を有しているわけではない。通常の経済活動・貿易に関して、中国による自国の都合を優先したルールを押し付ける対応は、今後さらに顕著になってくると思われる。

こうした傾向は、トップである習近平が仮に交代したとしても、中国共産党による統治が続く限り変わらないと覚悟すべきであろう。中国としては、これまで西側のルールを都合よく利用して自国の国力を伸ばせたこと、これ以上西側のルールを利用し続けると共産党一党支配との矛盾点が大きくなり体制維持に問題が生じかねないことなどを考慮し、戦略的な判断として自国の都

合をより強く推し出す路線を選択したと考えられる。

中国のこうした戦略的な判断は、今後中国と経済・貿易で付き合ううえでこれまで以上の大きなリスクとなる。当然、業種により中国市場の収益機会やリスクの見積もりは異なるので、結局のところ、各企業が中国市場における自社の収益機会と中国が共産党一党支配の統治体制であることの経済・貿易面における障害が表面化してきたリスクを考慮したうえで、付き合い方を判断していくということであろう。いずれにせよ、こうした中国リスクの大きさを、企業経営者はあらためて認識しておく必要がある。

第12章

サイバー安全保障は企業経営の大前提

新美恭生
元警察庁外事情報部長

Point

- 懸念国は、サイバー攻撃を含む様々な手段により日本の機微情報・技術情報を狙っている。懸念国の動向と日本が直面する脅威を正しく捉えるためには、サイバーと経済安全保障の双方の観点から理解する必要がある。
- サイバー安全保障分野では、日本は、欧米主要国と比べ、政府の権限に対する制約が多いなどの課題があり、懸念国の脅威が増すなか、能動的サイバー防御の導入をはじめとするサイバー安全保障分野での対処能力向上が急務となっている。
- 経済安全保障確保のためには、企業・アカデミアによる取り組みが不可欠であり、アウトリーチ活動等を通じた政府や警察による的確な情報発信、そして官民連携の促進が重要である。

1　サイバー情勢と経済安全保障をめぐる日本が直面している脅威

サイバー空間には様々な脅威主体が存在し、多くは金銭目的の犯罪者集団である。しかし、一般にあまり認識されていないが、国家が関与・支援するグループも多数存在する。

懸念国は、日本に対し、様々なサイバー攻撃を日常的に実行しており、典型的な活動の一つが、情報窃取を目的としたサイバー諜報活動である。日本の先端技術情報も標的となっており、多くの企業や研究機関などが被害にあっている。

懸念国による技術情報の獲得活動は、サイバー攻撃のみならず、合法・非合法を問わないあらゆる手段により実行されている。日本が直面している脅威を正確に捉えるためには、サイバーと経済安全保障の双方の観点から懸念国の動向と脅威を理解する必要がある。

①サイバー情勢と経済安全保障

サイバー空間上の様々な脅威のなかでも、最も深刻な脅威は、間違いなく国家支援型のサイバー攻撃である。機密情報を含むあらゆる情報がサイバー空間上に存在する現代において、サイバー攻撃は、懸念国による諜報活動・情報窃取の最も重要かつ典型的な手段となっている。

国家によるサイバー諜報活動は決して新しいものというわけでなく、今から約20年前の時点で既に国家が関与・支援すると見られるグループの活動があったことが、セキュリティベンダーから報告されている。そして今では、日本を含む世界各地において、政府機関、重要インフラ、学術・研究機関、シンクタンク、ＩＴ・セキュリティ企業など、あらゆる分野の組織・団体が被害を受けている。

国家支援型のサイバー攻撃の特徴は、非常に洗練された高度な手法を使うこと、そして、特定の業界・組織等に対し、数カ月から数年にわたって執拗に攻撃を行うことである［サイバー業界では、こうした特徴を持つサイバー攻撃をＡＰＴ（Advanced Persistent Threat）攻撃とも称される］。また、国家支援型のサイバー攻撃を行うグループの活動は、セキュリティベンダーによるレポート等でも数多く報告されている一方、その被害の多くは潜在化しており、その全容は明らかになっていない。

また、国家支援型サイバー攻撃の最も恐ろしい点は、ゼロデイ脆弱性を悪用した攻撃（ゼロデイ攻撃）を度々行うことである。ゼロデイ脆弱性とは、まだ世の中に存在が知られていない、または脆弱性の修正方法等の対策が確立していないようなシステムやソフトウェアの欠陥(脆弱性)のことである。

脆弱性の対応策が存在していないため、ゼロデイ脆弱性を悪用した攻撃手法が確立できれば、攻撃者は、ほぼ１００％成功する（防御側から見れば、防ぎようのない）攻撃が可能となる。懸念国は、ゼロデイ攻撃をまさにサイバー兵器として捉え、多大なリソースを投資してゼロデイ脆弱性の収集・開発を行い、国家的サイバー攻撃を実行している。

懸念国が関心を示す情報は、防衛分野の情報をはじめとする政府の機密情報のみならず、民間企業等が有する先端技術情報も含まれる。日本には、規模の大小を問わず、先端技術に関する情報を保有し、優れた研究を進める企業やアカデミアが各地に多く存在している。安全保障の裾野が経済・技術分野にも広がるなか、こうした技術情報等は外国から狙われており、日本の技術情報等が他国に流出することは、当該企業等の競争力が失われてしまうだけでなく、軍事転用による日本の安全保障上のリスクにもつながる。

技術情報等の流出のリスクには様々なパターンが存在し、サイバー攻撃による情報窃取以外にも、企業の従業員が秘密情報を持ち出して転職するといった内部脅威による事例、企業の買収、合弁、共同研究等の合法な経済・学術活動を通じて情報が狙われる事例、あるいは、ＳＮＳ上でのアプローチを含めたいわゆるスパイ工作を通じた事例などがある。

懸念国によるこうした技術情報等の獲得に向けた動向は、日本にとって、経済安全保障上の観点からも極めて重大な脅威であり、対処が必要な課題である。

②中国の動向と脅威

中国は、技術情報等の獲得について、懸念国のなかでも特に活発な動向を見せている。米、英、豪といった主要国の治安情報機関のトップは揃って、中国がサイバー攻撃をはじめとして多様かつ洗練された手法によって技術・情報窃取を行っている実態について警鐘を鳴らしている。

サイバー攻撃について言えば、中国は、日本を含む世界各地に対し、活発な活動を展開している。日本のサイバー業界において、非常に有名かつ象徴的な事例として、2016年から2017年に発生した中国による日本の防衛・航空関連企業を含む約200の企業等に対する一連の大規模サイバー攻撃がある。

本事案について、警察庁長官は、Tickと呼ばれるサイバー攻撃グループにより実行されたものであり、また、その背景組織として、山東省青島市を拠点とする中国人民解放軍第61419部隊が関与している可能性が高い旨を2021年5月に報道発表している。

当時は未知であった日本製ソフトウェアに関するゼロデイ脆弱性が悪用されており、中国人民解放軍が日本を標的として非常に高度で大規模なサイバー攻撃を実行していることが、警察の捜査により明らかとなった。

また、本事案のさらなる関連事実として、中国軍人の妻が、知人を通じて日本にいる中国人の元留学生に接触を取り、架空の企業名を使用して日本製のセキュリティ対策ソフトを購入するよう指示していたことも、警視庁公安部による捜査により判明している。指示に際し、当該中国軍人の妻は「国家に貢献しなさい」などと中国人元留学生に迫っており、中国人民解放軍が、日本において、一般人を巻き込みながらサイバー攻撃のための準備行為を行っていることが明らかとなっている。

中国によるサイバー空間上の活動は、巧妙・悪質かつ過激化の一途をたどっており、2021年には、企業が自社製品の脆弱性を発見した場合、他の組織（当然、セキュリティ企業や当該製品を所有するユーザ企業を含む）に開示する前に中国政府に報告することを義務づける法律を中国は制定した。

これは、国を挙げてゼロデイ脆弱性の収集とサイバー兵器の開発を行う動向であるとされており、「Microsoft デジタル防衛レポート 2022」においても、中国の国家支援グループによるゼロデイ脆弱性を悪用した攻撃が増加しており、その背景として、中国が企業から報告されたゼロデイ脆弱性情報をサイバー兵器として武器化するために使用している可能性があることが、指摘されている。

直近では、2023年9月に警察庁や米国家安全保障局（NSA）をはじめとする日米関係機関から、中国を背景とするサイバー攻撃グループ BlackTech に関する合同注意喚起が公表され、ルーターの脆弱性を悪用した手口等により、日本を含む東アジアや米国の政府や民間企業が標的となっていると指摘している。

中国がゼロデイ脆弱性情報を国家的に収集する動きは、中国のIT製品等に関するサプライチェーン・リスクにも強い懸念を生じさせるものである。すなわち、中国製品については、製造企業が脆弱性を発見したとしても、当該脆弱性は公表されずに中国政府のみに報告され、脆弱性への対処がいつなされるかは不透明である。さらに言えば、いつでも自国製品に脆弱性を意図的に仕込み、知らないふりをしたままサイバー攻撃を行うことができるということである。

こうしたなか、欧米主要国では、中国製品のリスクへの対策が講じられており、最近では、2023年6月、欧州委員会が加盟国に対し、高速通信規格「5G」のネットワークの「ハイ・リスク・サプライヤー」がセキュリティ上の重大リスクになることからこれを排除すること、具体的には華為技術（HUAWEI）と中興通訊（ＺＴＥ）を排除することを要請するなどしている。

③ロシアの動向と脅威

ロシアも、技術情報等の獲得活動を熱心に行っている懸念国の一つである。ロシアによるサイバー攻撃と言えば、２０２０年12月に発覚した米国のＩＴ企業であるソーラーウインズ社への大規模サイバー攻撃事案がよく知られている。

本事案では、同社のソフトウェア製品を導入している大手企業や政府機関が次々と被害にあい、多くの内部情報が盗まれたとされる。狙われた製品は、企業においてＩＴ機器の管理や遠隔監視を行うためのソフトウェアであり、当時は未知のゼロデイ脆弱性を悪用され、このソフトの正規のアップデートのなかにバックドア（攻撃者が侵入するための裏口）が仕込まれた。同社の調査結果によれば、確認できた最初の不正アクセスは、事案発覚の1年以上前から発生しており、長期間にわたって、密かに攻撃が行われていたことが判明している。

米英両国は、本事案について、ロシア対外情報庁（ＳＶＲ）に対する非難声明を出しており、ロシアのサイバー攻撃による最大規模の情報窃取事案であった。

ロシアによるサイバー攻撃には、いわゆるサイバーテロのような機能破壊型の攻撃が多いことも特徴である。具体的な事例としては、２０１5年および２０１6年のウクライナに対する大規模停電を引き起こしたサイバー攻撃がよく知られているほか、２０２2年2月のロシアによるウクライナ侵略でも、その前後に多数のサイバー攻撃を行っていることが知られている。

ロシアは、侵攻開始のわずか1時間前に米国企業が運用する通信衛星サービスをサイバー攻撃により停止させ、ウクライナの重要な通信手段の一つを麻痺させた。本事案について、ロシア軍参謀本部情報総局（ＧＲＵ）が関与していることを米国は後に指摘している。

このように、特に重要インフラ等に対する機能破壊型サイバー攻撃は、軍事的活動の一環あるいは、その前兆活動として行われることも多く、直接的かつ甚大な影響を直ちに生じさせかねない安全保障上の深刻な脅威である。

④北朝鮮の動向と脅威

北朝鮮は、技術情報等の獲得に加え、資金獲得のための活動も行うという特徴を持つ。特に近年、北朝鮮のサイバー攻撃による暗号資産窃取被害が深刻化しており、国連安保理北朝鮮制裁委員会専門家パネル２０２２の最終報告書でも、北朝鮮が、２０２１年中、全世界で10億ドル以上の暗号資産を窃取したと指摘されている。

北朝鮮のサイバー攻撃グループには、朝鮮人民軍偵察総局の下部組織とされる「ラザルス」や「キムスキー」などが知られており、日本においても、国内の暗号資産関連事業者がラザルスによるサイバー攻撃の標的となっているとして、警察庁などの関係省庁から、注意喚起とあわせたパブリック・アトリビューション（攻撃主体を名指しした非難）が２０２２年10月に行われている。

また、サイバー攻撃の脅威に加えて、北朝鮮のＩＴ労働者がアプリ開発に関与する懸念もある。２０２２年7月の米国国務省、財務省、連邦捜査局（ＦＢＩ）の連名によるガイダンスでは、北朝鮮が世界中に高度な技術を持つ何千人ものＩＴ労働者を送り込んでおり、それにより米国や国連によって課された各種制裁措置に違反して外貨獲得を行っていると指摘している。

日本でも、中国に住む北朝鮮籍のＩＴ技術者が、報酬を得てアプリの開発を請け負っていた事案が警察の捜査で明らかとなっている。当該労働者が請け負っていた業務のなかには、自治体の防災アプリの修正業務も含まれていたとされている（「北技術者　防災アプリ修正」『読売新聞』２０２２年5月19日付朝刊）。

このように、アプリ等の開発過程に北朝鮮ＩＴ労働者が関与する場合、北朝鮮の外貨獲得活動に寄与するのみならず、当該労働者が、国家組織の指示を受けてサイバー攻撃への悪用を念頭に何らかの脆弱性を仕掛ける可能性も懸念される。

これらの事例は、北朝鮮による活動のほんの一部であり、他にも様々な技術情報等の獲得活動や資金獲得活動を行っていると見られる。特に北朝鮮のサイバー「攻撃」能力について言えば、日本のみならず世界各地で活動を展開しており、ここ数年における手法の高度化は著しく、今や世界でも有数の脅威と言える。

2 直面する脅威への対処

サイバー攻撃や技術情報等の獲得活動を中心とした懸念国の動向は、日本に対する脅威である。特に技術情報等の獲得活動については、標的の多くが、民間部門の企業や研究機関等である。相手は国家であり、民間だけの対処で防ぐことは当然困難と言えるから、政府による対処、そして政府と民間との連携が極めて重要となる。

日本では、警察を中心に、アウトリーチ活動による官民連携の取り組みを推進するほか、サイバー事案への対処能力の向上のため各種施策も実施しており、これらは一定の成果を上げている。しかし、サイバー安全保障分野に目を向ければ、欧米主要国では、国家的脅威への対処に、より積極的・能動的な対応を実施している。一方、日本は、特に法制度面での制約が強く、対峙する懸念国の脅威に対して十分な体制とは言えない。

①警察によるアウトリーチ活動の重要性

中国をはじめとする懸念国による、スパイ工作、サイバー攻撃等の様々な手法を組み合わせた技術情報等獲得の活発な動向が懸念されるなか、技術情報等の流出防止のためには、企業やアカデミアにおける意識の向上や自主的な対策の強化が不可欠である。

海外では、そうした問題意識から、国家保護セキュリティ当局（NPSA：英国保安局〈MI5〉の関連機関、FBI、オーストラリア保安情報機構〈ASIO〉）等の治安情報機関が、企業や研究機関に対して技術情報等の流出事例やそれへの対策について情報提供する取り組みが推進されており、これはアウトリーチ活動と呼ばれている。

その一環として、サイバー空間上の脅威に関し、「Think Before You Linkキャンペーン」として、SNSによる接近を契機とした機微技術の流出を防止することを目的とした取り組みが進められている。これは、新型コロナウイルスの感染拡大に伴って、テレワークが普及するなかでオンライン上の不審なアプローチのリスクが増しているとの問題意識の下、2020年4月に英国が先駆けとして始め、その後、米国やオーストラリアでも同種の取り組みが展開されている。

日本においても、警察による企業やアカデミアに対する情報提供が行われている。技術情報等獲得に向けた動向には、通常の経済・学術活動等を隠れ蓑にしたもののほか、サイバー攻撃や産業スパイ事件のような犯罪行為として顕在化するものもある。

特に犯罪行為として顕在化するケースでは、企業等のレピュテーション・リスク等による損害も大きい。警察では、捜査機関として、こうした犯罪行為の手口等について、いわゆるスパイ工作からサイバー空間上のものまで、全国警察のネットワークを生かして入手した情報を有している。

また、警察庁はFBIと共同で講演を行うなど、海外治安情報機関との連携を強化しており、こうした協力関係も踏まえ、企業やアカデミアに対して情報提供できることも日本警察の特徴である。

アウトリーチ活動では、これを契機として、意図しない技術流出が起こる前に企業側から不審な行動を警察に相談することや、警察が海外治安情報機関等との情報交換を通じて得たものも含め、入手した具体的な情報にもとづき企業側が対策を講じることなどにより、被害を未然に防止することも期待されている。

実際に、外国政府の職員が身分や目的を秘して先端技術を保有する企業の社員に繰り返し接近し、関係を構築しようとしていた事案について、警察が把握した事実の概要を教示して当該企業に対する注意喚起等を行ったことにより技術情報等の流出を未然に防止することにつながった事例が確認されている。

サイバー攻撃事案でも同様に、警察が特定企業に対する脅威情報を把握した場合は、速やかに当該企業に注意喚起しており、また、類似の攻撃が他の企業にも波及する恐れが高い場合には、その対策方法について、具体的な脅威情報とあわせて、関係企業に広く情報提供し、被害防止を図っている。

このように、日本においては、英国や米国と比較しても遜色ないレベルで警察によるアウトリーチ活動が行われているものと評価できる。

②警察におけるサイバー攻撃への対処態勢の強化

サイバー空間の脅威が増大するなか、警察庁は、2022年4月、内部部局にサイバー警察局を、関東管区警察局にサイバー特別捜査隊をそれぞれ設置した。このサイバー特別捜査隊の設置により、国家を背景に持つサイバー攻撃や全国的被害を及ぼすサイバー犯罪など、国家的・全国的規模で対処しなければならない重大サイバー事案について、国の捜査機関として直接捜査を行うことが可能となった。

これは、国際連携が必要不可欠なサイバー事案対処では特に重要な意味を持ち、日本が、外国捜査機関等と相互に協力し、国際共同捜査を推進していくうえで、警察庁が単なる都道府県警察との窓口ではなく、自ら捜査を行う機関となることで、外国捜査機関等との継続的な信頼関係を構築することが可能となった。

③欧米主要国におけるサイバー攻撃の対処状況

サイバー攻撃への対処では、脅威情報の収集・分析と攻撃者の活動の妨害等が重要である。欧米主要国は、こうした考えの下、様々な手段を講じてサイバー防御策を展開している。彼らは、自国が直面するサイバー攻撃の脅威を非常に深刻に捉えており、対処に関する考え方や対処能力、関係当局に付与されている権限は、日本とは比較にならないほど積極的であり、実戦的である。

米国について、2023年3月に公表された同国の国家サイバーセキュリティ戦略を見ると、同戦略の第二の柱として「脅威主体の破壊と排除」が掲げられている。

これに関し、同戦略では、米国の利益を脅かす行為を行う脅威主体に対し、国家権力にもとづくあらゆる手段を用いて、これを崩壊・解体（disrupt and dismantle）すること、また、そのためには、外交、情報（information）、軍事（物理・サイバーの両方を含む）、財務、インテリジェンス（intelligence）、法執行を統合して用い得ることが明記されており、米国政府のサイバー攻撃への対処に関する捉え方がよく表れている。

国防総省の前方防衛（Defending Forward）という戦略的アプローチも、米国の考え方が非常によく表れている。サイバーにおける前方防衛という概念は、悪意のあるサイバー攻撃に対して、防御（自国）側のネットワーク内で防ぐのではなく、攻撃者（相手国）側のネットワーク内で、その活動を阻止するというものである。

具体的には、脅威主体の分析、マルウェアの特定・摘発、ターゲットへの影響発生前における悪意ある活動の阻止を行うものであり、こうした活動は、攻撃者側のネットワークを平時から監視を行い、いざとなれば攻撃活動の妨害や停止を行うことを前提としていることから、通常の防御策と比べ、より積極的なアプローチと言える。

米国の具体的な対処で言えば、直近、２０２３年５月に司法省が公表したＦＢＩによるロシア連邦保安庁（ＦＳＢ）のマルウェア「Snake」のテイクダウンの事例が興味深い。

Snake はＦＳＢが長年、諜報活動に用いてきたマルウェアであり、ＦＳＢは、世界中にあるSnake の感染端末間で構成される非公然のネットワークを通じて、各国の政府機関や重要インフラ等の様々な組織を対象に多数の機密情報を収集していた。

このテイクダウン作戦は、ＦＢＩを中心に行われ、米国国内にある感染端末上に存在するSnake に対し、ＦＢＩが作成したツールを用いて機能の無効化を行った。

具体的な感染端末台数の公表はないものの、米国から併せて公表されたアドバイザリでは、米国を含む世界50カ国以上でSnake の感染端末を特定したことが述べられており、相当規模のマルウェア・ネットワークが存在していたことが推測できる。多数のマルウェア感染端末から構成される非公然ネットワークの解明や端末の特定、専用ツールによるテイクダウンなど、これら一連の作戦は、米国のサイバー対処能力が極めて高いことを示す。

同様に英国の状況を見てみると、２０２０年に発足した国家サイバー部隊に関し、敵対者に対する攻撃的サイバー作戦の遂行を念頭に同部隊のサイバー攻撃能力の継続的な開発・投資をすることが、同国の「国家サイバー戦略２０２２」に掲げられている。

国家サイバー部隊の具体的活動は公開されていないが、２０２３年4月の英国の情報機関である政府通信本部（ＧＣＨＱ）の公表によれば、同部隊は、海外への軍事展開の保護、テロリストグループの妨害、高度なサイバー攻撃への対処、国家による偽情報工作への対策、他国からの選挙干渉への対処等を目的として運用されているとあり、国家安全保障上の重要な役割を担っていることがうかがえる。

このように欧米主要国では、サイバー安全保障の観点から、軍や情報機関、あるいは警察を含む法執行機関などの関係当局が、攻撃者のサーバ等のテイクダウンやハックバックなど、積極的な措置を取るための必要な権限を有しており、また、これらの作戦を実行するだけの高い能力も同時に有している。

裏を返せば、彼らは、懸念国による非常に洗練されたサイバー攻撃に対処するためには、こうした体制が必須であると認識していると言え、自国が直面する脅威に対し、相当な危機意識を持って対処している。

3 日本の課題

サイバー安全保障分野における日本の課題は、政府においても強く認識されており、まさに今、能動的サイバー防御を中心としたサイバー安全保障における対処能力の向上について検討が進んでいる。

懸念国は、サイバー攻撃やいわゆるスパイ活動を含むあらゆる手段を用いて日本の機微情報を狙い、重要インフラ等に対する破壊的なサイバー攻撃の脅威も現実のものである。直面する脅威の主体・目的が同じである以上、サイバー安全保障と経済安全保障とは表裏一体であり、双方の観点から重要な課題となるサイバー攻撃への対処能力の向上について、早急かつ抜本的な対応が必要である。

①サイバー安全保障における日本が直面する脅威

国家支援型のサイバー攻撃の脅威について、サイバー安全保障の観点から改めて理解していきたい。懸念国によるサイバー空間上の軍事活動や諜報活動は、物理的活動とは異なり、平時・有事の境は非常に曖昧で、グレーゾーン事態の幅はとても広く、防御側は常に攻撃の脅威にさらされている。サイバー空間では、国家的な情報収集活動や攻撃の準備行為は平時から展開されており、サイバー攻撃は日常的に実行され、まさに、「サイバー空間は常在戦場」の状況にある。

また、サイバー攻撃による日本の重要インフラ機能喪失の事態も、フィクションではなく差し迫った現実の脅威であると認識しなければならない。

日本ではサイバー諜報活動による情報窃取被害は多数発生しているが、重要インフラ等を狙った機能破壊型サイバー攻撃について、少なくとも国家が関与・支援したものはまだ顕在化していないとされている。しかし、これは決してサイバーテロの脅威が小さいことを示すものではない。最も注目すべきは、攻撃者がシステムに侵入した後、密かに諜報活動を行うのか、それとも機を狙って破壊活動を行うのかは、攻撃者の一存で決まるということである。国家支援型のサイバー攻撃による情報窃取被害が相次ぐ以上、情勢の変化により、これらの攻撃者が破壊型活動を行う状況にいつ転じてもおかしくはない。

サイバー攻撃が切迫した現実の脅威であることは、相次ぐランサムウェア被害からも容易に想像できる。この点、米国では、サイバー安全保障の考え方を大きく転換するきっかけとなった事案がある。2021年の石油パイプラインに対するランサムウェア攻撃である。本攻撃により米国最大手の石油パイプラインが一時的に操業停止となり、まさに国家の経済中枢が機能停止するという点でサイバーテロに匹敵する被害が発生した。

ランサムウェア攻撃は、通常、金銭目的の犯罪者グループが行うと考えられている。しかし、その実態は極めて不透明であり、過去、あるロシア系ランサムウェアグループの内部情報が流出した際には、ロシア政府とのつながりを示すやり取りがあったことも知られている。

米・石油パイプライン事案は、別のロシア系グループによる犯行であることが判明しており、本事案にはロシア政府の関与を示す証拠は見つかっていないとされるが、今後、国家的背景を持つランサムウェアグループが同様の事案を引き起こす可能性は否定できない。

さらに付け加えれば、国家支援によるサイバー攻撃の標的は、政府機関だけでなく、民間企業や研究機関も含まれている。相手が国家である以上、その対処にあっても、もはや国家的対応なしには防げない状況となっており、経済安全保障の観点からも深刻な状況となっている。

②政府における能動的サイバー防御の検討

政府は、2022年12月に改訂された国家安全保障戦略において、サイバー安全保障分野での対処能力を欧米主要国と同等以上に向上させるとしたうえで、国、重要インフラ等に対する安全保障上の懸念を生じさせる重大なサイバー攻撃の恐れがある場合、これを未然に排除し、また、このようなサイバー攻撃が発生した場合の被害の拡大を防止するため、「能動的サイバー防御」を導入することを掲げた。

さらにサイバー安全保障分野における情報収集・分析能力を強化するとともに、能動的サイバー防御の実施のための体制を整備することとし、能動的サイバー防御のために実現すべき必要な措置として、

①民間事業者等がサイバー攻撃を受けた場合等の政府への情報共有や政府から民間事業者等への対処調整、支援等

②国内の通信事業者が役務提供する通信に係る情報を活用した、攻撃者による悪用が疑われるサーバ等の検知

③安全保障上の懸念を生じさせる重大なサイバー攻撃について、可能な限り未然に攻撃者のサーバ等への侵入・無害化ができるための政府に対する必要な権限付与

の3点について検討を進めることとした。さらに、内閣サイバーセキュリティセンター（NISC）を発展的に改組し、サイバー安全保障分野の施策を一元的に総合調整する新たな組織を設置することも掲げられている。以上のことからわかるとおり、政府では、能動的サイバー防御の導入を含め、サイバー安全保障に係る対処体制を抜本的に強化する方針となっている。

③サイバー安全保障に関する対処能力強化の重要性

国家安全保障戦略で能動的サイバー防御のために実現すべき必要な措置として挙げられた3点について、多くの欧米主要国では、既に実施しており、その実行能力も高い。同戦略において「サイバー安全保障分野での対応能力を欧米主要国と同等以上に向上させる」とある以上、いずれも

日本にとって必要な措置である。

特に攻撃者のサーバ等への侵入・無害化等のように高度な技術を要するオペレーションについては、人材育成を含めた実施部隊の能力向上に時間を要するものであり、諸外国にこれ以上後れを取るわけにはいかず、早急に実現させる必要がある。

また、日本において、こうしたオペレーションを実行できるだけの能力を有する組織は、警察や防衛省・自衛隊等に限られているのが現実であり、また、これらの組織であっても、真に高度な能力を有する人材については、ほんの一握りであるだろう。

加えて、サイバー攻撃への対処では、平素からの情報収集・分析が極めて重要であるほか、平時・有事の境が曖昧であることから、平時から有事の活動への移行はシームレスに対処しなければならない。

こうした観点から、能動的サイバー防御の実施に当たっては、その中核を担うであろう警察と自衛隊は、平素から緊密な連携を保持し、活動することが必要不可欠である。

また、これまで述べた通り、国家によるサイバー攻撃を一つの民間企業のみの対応で完全に防ぐことは、もはや不可能である。こうしたなか、能動的サイバー防御をはじめとするサイバー安全保障分野における日本の対処能力の向上は、当然、その手段と権限を持った政府にしかできない取り組みである。

被害が潜在化しやすい国家支援型のサイバー攻撃への対処においては、被害企業から提供される情報の価値は極めて高く、警察を含む政府においてもサイバー事案の被害の潜在化防止に関する取り組みを進めている。一方、企業側から見れば、経済安全保障の重要性について理解が高まりつつあるなかで、情報提供に値するだけの実行力を伴う組織でなければ、企業からの積極的な情報提供等は見込めないだろう。

また、セキュリティベンダーや通信事業者等の民間企業が持つ技術能力は、政府機関よりも広範かつ詳細であることも多く、その能力の活用はオールジャパンの体制を構築するうえでは不可欠と言ってよい。こうした点も踏まえれば、国家的なサイバー攻撃に対して政府が有効な対処能力を有することは、政府と企業との連携にとって大きな意義を持つものとなるだろう。

【参考文献】

米・国家サイバーセキュリティ戦略（White House, "National Cybersecurity Strategy", March 2023）

英・国家サイバー戦略２０２２（UK Government, "National Cyber Strategy 2022"）

英・ＭＩ５と米・ＦＢＩの長官による共同演説（"Joint address by MI5 and FBI Heads"）(https://www.mi5.gov.uk/news/speech-by-mi5-and-fbi)

「中国を背景とするサイバー攻撃グループ BlackTech によるサイバー攻撃について（注意喚起）」（令和5年9月27日 警察庁　内閣サイバーセキュリティセンター）

NSA, FBI, CISA, and NPA, NISC "People's Republic of China-Linked Cyber Actors Hide in Router Firmware" Release Date September 27, 2023

日本の経済安保政策のための16の提案

日本の産業技術は、防衛技術に限らず、急速に衰退している。豪州の研究機関（ＡＳＰＩ）によれば、米中欧韓がしのぎを削る最先端技術分野で、日本は大きく後れを取っている。このままでは、半導体産業に乗り遅れたロシアの二の舞いになりかねない。それほど日本の技術水準は危機的な状況にある。

その大きな原因の一つが、戦後の初期占領政策や冷戦中のロシアの対日工作方針であった日本の非武装化方針である。その影響で、日本の学術界、産業界は、また、経済官庁さえも、およそ軍事、安全保障から目を背けるようになった。

戦後復興、高度経済成長期はまだ良かったが、ジャパン・アズ・ナンバーワンの栄耀栄華はとうに去り、プラザ合意（１９８５年）後の円高が定着した後、日本企業は、中国、韓国の追い上げによって大きく市場シェアを奪われた。また、マーケットの残酷な力に従って、日本企業も次々と海外に工場を移転した。日本の産業は空洞化し、日本は海外の日本企業がもたらす経常利益に依存するようになった。

かたや、同じ先進国のアメリカや欧州では、ＡＩ（人工知能）など、新技術を活用したイノベーションが相次ぎ、生産性を向上させ続けている。それを後発の韓国や中国が猛スピードで追いかけている。老いた日本は、早くも周回遅れである。

なぜ、このようなことになったのか。それは、日本に経済安保政策が完全に欠落しているからである。多くの国では、科学技術研究、産業技術開発と安全保障政策は表裏一体である。戦争は技術で勝つ。

マーケットが関心を示さない最先端の技術に関して、基礎研究、応用研究、研究開発、市場での製品化について、安全保障を目的として、国家が巨額の予算をつぎ込む。それが普通の国である。国民と主権を守ることは、国家の本義である。戦争を抑止できなければ、数万人の自衛官が戦場で斃《たお》れ、それ以上の国民が虐殺され、命や身体の一部や財産を失うかもしれない。国民経済が受ける被害は計り知れない。だからこそ、国家は惜しげもなく、巨額の予算を経済安保政策に投入するのである。

ところが、日本では、安全保障と科学技術、産業技術が断絶させられてきた。それはマッカーサー元帥が占領初期に望み、冷戦が始まってからはロシアが望んだことだった。残念ながら、日本では55年体制という国内冷戦構造が定着し、激しい保革のイデオロギー的対立のなかで、学術界は左傾化し、産業界は安保問題から腰を引き、経済安保政策はついに生まれることがなかった。

今日、日本経済の成長が少子高齢化の影響で鈍化し始めた後、この産業政策における安全保障意識の真空が、日本の技術発展を大きく阻害している。それを是正するために、いくつかの提案を世に問うて、議論を巻き起こしたいと願う。

1 総理主宰の「安保技術推進本部」を設置し、安保技術育成のための10兆円基金を設置せよ

学術会議に代表されるように、学術界は、戦後、大きく左傾化した。その学術界には、毎年4

兆円の科学技術予算が渡される。最近、大学ファンドには10兆円の予算が組まれた。政府はまた、安全保障と科学技術を結合させるために「Kプログラム」に2年間で5000億円の予算を投じた。しかし、学術界は、未だに防衛省とは協力を拒否するという頑なな姿勢を崩していない。前記の予算が花開くかどうかは不透明である。

また、政府は、最先端蓄電池などのグリーンテクノロジー発展のためにさらに数兆円を投じる意向であるが、それが安全保障目的と結びつけられていないのは問題である。例えば、蓄電池関連技術は、これから無人ロボットが席巻する戦場において、最重要な技術になるからである。

政府には、国家安全保障に資することを明確な目的にした、新しい巨額の資金の流れが必要である。総理主宰で「安保技術推進本部」を立ち上げ、官界、産業界、自衛官、有識者から世界の安全保障のゲームチェンジャーとなる技術分野を指定し、これまでまったく政府から資金的支援を受けていない民生技術を担当している民間企業のラボや優秀な研究者に委託研究を行わせるべきである。大学ファンドにならって、10兆円の基金をつくり、毎年1兆円を取りくずせばよい。それだけの規模の支援が必要である。

あるいは、横須賀テーマパークのようなサイバー研究拠点に委託研究するのもよい。米国のDARPA（国防高等研究計画局）のようにスタートアップも支援するべきである。

2 科学技術者の処遇を抜本的に改善し、技術力低下を防止せよ

日本の技術力の低下は、年々深刻度を増しており、しかも加速している感がある。文部科学省が毎年公表している「科学技術評価指標」でも、2022年版では韓国、スペインに、2023年版ではイランに抜かれ、世界第13位になっている。研究レベルの評価のため、産業レベルに表立って影響はないが、放置しておくと、やがて重篤な状況に陥ることとなる。

一刻も早く、科学技術者の力を復活させる必要がある。ところが、大学、研究機関および製造業において、科学技術者の処遇が不十分であるため、海外企業や外資系コンサルタント会社などへ優秀な人材が流出してしまっている。この流れを防止するため、思い切った方策が必要である。

天然資源のない日本にとって、「科学技術力」が最重要な資源であることの認識の徹底とこれに従事する「科学技術者」の処遇改善が必須となっている。社会全体で「科学技術者」への優遇政策が定着すれば、優れた科学技術者が国内の企業に戻り、日本は産業競争力を取り戻すとともに、防衛研究開発も力強く進展できるようになると期待できる。

3 先端的な研究者に「セキュリティ・シールド」をかけよ

今日の国際競争は技術覇権を懸けて行われている。最先端の研究は、その鍵である。そして、先端的な研究を担うのは「人」である。最先端人材を日本政府として保護し、「頭脳流入」を促す仕組みが、何よりも重要である。

安全で快適な日本で自由に研究をしたいという優れた若者は、東アジアには多い。新たな在留資格（ＳＴＥＭビザ）によって、そうした者を率先して受け入れ、潤沢な奨学金をつける半面、日本の期待に沿わない場合は速やかに帰国させることにする。そして、その対象者には、懸念国からのアプローチを防ぐため、インテリジェンス機関が定期的に接触し、対処方法を教えておく。また、日本を代表する頭脳が懸念国の影響力工作によって社会的不利益を被らないよう、必要な調査を遂行する体制を整えておく。さらに、同盟国の当局が日本の先端的な研究者に何らかの容疑をかけたとき、それについての釈明を日本政府として支援する仕組みを整える。

こうした「セキュリティ・シールド」をかけることにより、日本がアジアからの優れた頭脳を受け入れるゲートウェイとなることが期待できる。

4 国家防衛産業政策大綱を策定し、防衛産業を大再編せよ

すでに日本の防衛産業は青息吐息である。単一の需要者である防衛省は、長年にわたり、予算の制約から防衛産業に対して予算を削りに削ってきた。主要な重工業企業においてもその利益率は数パーセントにすぎず、売り上げの1割前後である。ＥＳＧの意識の強い株主からは、防衛産業部門への風当たりも強い。

防衛産業が今のままでは、技術革新はおろか、有事に際しての弾薬の補給さえままならない。ウクライナ戦争は、今でも弾薬の量が戦争の勝敗を分けることを教えてくれている。

韓国では、１９９８年の通貨危機以来、小さな国内マーケットで相食《あいは》むような競争を止めさせ、1業種1企業に集約して、国内ではなく国際市場での競争に参画を促した。防衛産業も例外ではない。今や韓国は世界有数の武器輸出国に変貌した。

日本は、中曽根康弘総理がＮＳＣの前身である安全保障会議を立ち上げたときから、防衛産業再編大綱を策定することが法定の義務となっているが、これをやったことがない。予算がなかったからである。今日、岸田政権は向こう5年で防衛予算を2倍にすると決めた。今こそ、防衛産業の大再編に取り組むときである。防衛産業は、「ニッポン・ユナイテッド」と「ジャパン・ユナイテッド」の2社に統合、再編して、国際市場での競争力強化に努めるべきである。

5 21世紀の工廠(国策防衛会社)をつくれ

有事の際には、戦場近くにおいて修理をしたり、あるいはそこに技術者や部品を運んだりしなくてはならない。民間会社に危険を負わせることには限界がある。政府が主体となって、予備役自衛官を活用して「21世紀の工廠」(国策防衛会社)をつくるべきである。

民間の研究によって国や国民の安全に関わる技術が生まれた場合、経済安全保障推進法には、民間事業者の発意によって特許出願非公開制度の対象となる途を開いている。これを積極的に活用し、秘密保持命令(保全指定)がなされた場合の「補償金」を極めて手厚くして、国が機微技術を買い上げる仕組みとして運用すべきである。

6 政府主導の防衛装備輸出を本格化させよ

防衛装備輸出は、味方を取り込み、敵に優れた武器が渡らないようにし、また、輸出相手国の第三国輸出にも目を配らねばならない。それは安全保障政策そのものである。防衛装備輸出は、政府が主導せねばならない。

日米同盟は政策・運用面では緊密であるが、同盟協力の重要な分野である防衛産業・技術面での協力は未発達のままである。日本の防衛力強化を加速し持続させるためには、民間企業が政府の政策にもとづいて先進的な国際協業に取り組むことが必要であり、内外の企業が生産・技術資源を共有してスピード感のある有効な共同提案を行うためには、政府間の安全保障協議の場で、将来装備の運用コンセプト、取得方針、情報開示・保護などについても協議すべきである。

7 閣僚は台湾海峡有事や日本有事に関する演習をせよ

日本政府は、台湾海峡有事が発生した場合、中国が日本本土の米軍基地にサイバー攻撃、ミサイル攻撃をしたり、あるいは、先島諸島が台湾とともに中国によって海上封鎖されたりするという現実を国民に知らしめるべきである。

存立危機事態、武力攻撃事態には、自衛隊への防衛出動がかかるが、それは政府全体を動員するべく策定される「対処基本方針」とともに閣議にかけられなければならない。しかし、そのような文書は書かれたこともなく、プロトタイプもない。

閣僚および高級官僚は、鼓腹撃壌時代の思考停止から抜け出して、国家の生存本能を目覚めさせ、台湾海峡有事、日本有事に何をするべきかの計画を策定するべきであり、対処基本方針のプロトタイプをつくっておくべきである。

毎年、9月1日の関東大震災の日（防災の日）には、全閣僚が出席して防災訓練が行われる。しかし、それよりもさらに巨大な厄災となる有事に関しては、このような閣僚演習が行われたことはない。閣僚はほぼ毎年入れ替わっている。これでは国民の命を守れまい。政府の怠慢である。政府は、早急に閣僚レベルの有事演習を行うべきである。

8 エネルギー安全保障、食料安全保障を確保し、シーレーンの安全確保を図れ

政府は、第二次安倍政権以降、外為法改正、土地利用規制法、経済安全保障推進法など、矢継ぎ早に経済安全保障関連法を打ち出してきた。現在、政府はその実施に大わらわである。しかし、その外側にも多くの重要な問題が手つかずに残っている。

最大の問題は、エネルギー安全保障と食料安全保障である。日本は国土狭隘な島国である。この国土で1億2700万の国民を養うには、世界の国々と日本が海運で結びついていることが必要である。

有事に備えたエネルギー安全保障政策と食料安全保障政策が日本にはない。例えば、他国の有事に起因する「油断」に備えて、官民で半年分の石油が備蓄されているが、備蓄タンクがミサイル攻撃で破壊されたらどうするのか。毎日、15隻の20万トンタンカーが日本に入ってこなければ、日本の産業は活動を停止する。

同じ問題が食料にもある。十分な食料が輸入されなければ、日本は飢餓列島となる。対米戦争で、日本商船隊が壊滅させられた後の日本の状況を思い出せばよい。真珠湾攻撃後の最初の米海軍の作戦は、日本商船隊の壊滅であった。しかし、日本海軍は、ろくな護衛をしなかった。その結果、日本商船隊は壊滅し、一銭の保証も払われなかった。そして国民は飢えた。

エネルギーと食料を有事に確保し続けるには、シーレーンの安全を確保するしかない。逆に敵は島国である日本のアキレス腱であるシーレーンの破壊を狙ってくる。

台湾海峡有事が始まれば、東シナ海、南シナ海は船舶保険の除外地域となり、船舶保険が付保されない。それはそのまま通行不能であることを意味する。日本商船隊や日本への物資を運ぶ船舶は、マラッカ海峡ではなく、ロンボク海峡を通り、小笠原諸島に沿って北上するなど、大きな迂回航路を取ることになる。

総理官邸主導の下で、NSCがリーダーシップをとり、海上自衛隊、海上保安庁、資源エネルギー庁、農水省、国交省海事局、主要商船会社、全日本海員組合を交えて、早急に、シーレーンの安全確保の対策を練るべきである。

9 サイバーセキュリティ対策を早急に強化せよ

日本のサイバーセキュリティは、諸外国に比して極めて脆弱である。サイバー空間では、毎秒、膨大な量のデータがダムの放水のように流れている。このデータをスパコンを常備したデータセンターに集約して、サイバー空間の状況を監視し、マルウェアによる有害な活動を阻止せねばならない。そのためには、能動的なサイバー防衛を許可し、マルウェアの発信元を突き止め、敵方のコンピュータをハックバックし、警告を与えたり、攻撃を止めさせねばならない。各国のサイバー軍は、そうして平時から互いにしのぎを削っている。

ところが、日本では、憲法21条の解釈として、敵性国家の軍事組織であれ、その諜報機関であれ、テロリストであれ、自衛隊や警察のサイバー部隊がハックバックしてはいけないこととなっている。不正アクセス禁止法などの関連法で手足が縛られている。これほど愚かなことはない。

欧米並みのサイバーセキュリティを確保するために、自衛隊や警察などの正当な機関にサイバー攻撃元の特定とハックバックの権限を与えて、能動的サイバー防衛体制を構築するべきである。防衛省、警察のサイバー部隊等の拡充、サイバー状況監視のためのデータセンター創設、内閣サイバーセキュリティ局設置、政府クラウド設置、サイバー関連人材の育成など、やるべきことは多い。

さらに、サイバー攻撃への対処には、政府と企業等との官民連携の強化が不可欠である。セキュリティベンダーや通信事業者等の持つ極めて高い技術能力等を活用する観点から、オールジャパンでの対処能力の向上を進めることやこれらの企業等から政府に対して必要な情報提供を促すことが必要である。加えて、企業・アカデミアによる取り組みを進めるため、アウトリーチ活動等を通じた政府や警察による的確な情報発信も不可欠である。

10 クリアランス・システムを早期に導入せよ

サイバーセキュリティの前提は、高性能な政府クラウドの設置と、そのバックアップのシステムである。それらは完璧なファイアウオールで守られねばならない。しかし、エドワード・スノーデンが証明したように、どんなにしっかりしたファイアウオールでも、部内の人間には無力である。機密情報に接する人間が、その資格を有しているかどうかを身体検査するためのクリアランス・システムの導入は不可欠である。

クリアランス・システムは、敵性国家に機密情報が流される危険を排除することが最大の眼目である。渡航歴、金銭授受の記録や、あるいは敵性国家の情報機関から目をつけられやすい弱点（酒癖、異性癖、薬物依存症等）についても審査することになる。

クリアランス・システムの副産物は、日本の防衛産業への他国からの信頼である。クリアランスの付与は機密情報へのアクセス許可を意味するが、クリアランスを得た人間は、逆に秘密漏洩に対する罰則がかかることになるからである。そうなれば、政府は、同盟国などと防衛産業機密保護協定を締結し、防衛産業協力を一層促進することができる。

セキュリティ・クリアランスの適用範囲は防衛関連企業、サイバーセキュリティ関連企業だけでなく、宇宙、原子力など最先端技術を扱う研究者、技術者への適用も考えるべきである。クリアランスを有することにより、同盟国、友好国との高度な共同研究への参加が可能となる。

11 対外諜報庁を設置せよ

日本のインテリジェンス組織に欠落しているのはヒューミント（スパイ活動）である。戦後、壊滅させられたからである。しかし、インテリジェンスとは、サイバー情報、軍事情報、外交情報、画像情報、シギント（通信傍受）、公開情報、そしてヒューミント等のあらゆる情報をオールソースで総合して判断するべきものであり、ヒューミントだけ欠落しているというのはおかしい。

対外諜報については、専門機関として対外諜報庁を設置するべきである。設置場所については、政策と情報の分離や実施責任の明確化の論点を踏まえて検討すべきである。

12 機密情報の保護を徹底せよ

特定秘密保護法で守られている国家機密の漏洩は、懲役10年、罰金1000万円である。その下の公務員法の場合には、懲役1年、罰金50万円である。しかし、特定秘密に該当しなくても、厳しく守られねばならない国家機密がある。また、民間の情報も、防衛産業、政府のシステムを提供する情報産業、重要インフラに係るものは、政府が機密度を指定し、政府インフラに取り込むべきであり、その漏洩にはより厳しい罰則が掛けられるべきである。

また、外国の情報機関員によるいわゆるスパイ行為を抑止するため、政府が懸念国への技術流出等を防止するため秘密指定した情報について、著しく不当な方法で探知・取得する行為を罰することができるような法整備を考えるべきである。

13 営業秘密保護法制をさらに強化せよ

営業秘密の保護が弱いと、日本企業の不利益となるだけでなく、半導体や蓄電池など戦略的な分野での最先端技術を日本に移転することを躊躇させる要因にもなる。不正競争防止法の改正という形で徐々に進んではいるものの、「おとり捜査」が用いられず、司法取引も実例がなく、通信傍受も事実上できないなどの点で、日本の営業秘密保護は、諸外国に比べて脆弱である。

最も大きな問題は、米国であれば未遂や共謀でも14年といった重い刑罰が科されているのに、日本では既遂犯ですら実刑になることがほとんどなく、執行猶予や罰金刑がほとんどだということである。主権国家がバックにつくような犯罪類型に、従前の刑事司法の考え方を当てはめるのは、不適当である。それは、産業スパイへの誘因を刑事司法が生み出すことにもなる。

弊害を是正するには、日本版ＦＢＩのような組織が捜査し、専門の検察庁が起訴し、専門の裁判所が司法判断に当たるとともに、量刑判断が適正化されるような措置を講じるべきである。また、司法手続きを通じた秘密漏洩についても、適切な措置を講じることが必要である。

14 台湾海峡有事がもたらすマクロな経済損害（株価暴落、円暴落）に備えよ

台湾海峡有事のもたらすマクロ経済的損害は、未だ誰も計算したことがない。中国がもたらすであろう自衛隊基地、米軍基地、重要インフラに対する攻撃がもたらす損害、中国による台湾の海上封鎖、東シナ海、南シナ海の戦域化と対中・対台貿易の途絶、エネルギー価格、食料価格の高騰、株価の暴落、円相場の暴落、場合によっては米軍による中国の大陸封鎖がもたらす日本経済に及ぼす影響は巨大である。また、万の単位で死傷者が出るであろう自衛隊員の戦後の処遇にも巨額の予算が必要になる。政府は、台湾海峡有事のマクロ経済的損害を試算して、そのための財政的措置について考えておくべきである。

15 リマニュファクチャリングで日本の耐久品質が仇《あだ》にならないルール形成を行え

サプライチェーンの脱中国、フレンドショアリングを早期に実現する手段として、中古部品を用いて新品と同等またはそれ以上の品質を保証するリマニュファクチャリング政策が米国によって加速していく。部品サプライヤー大国である日本は、耐久品質が高いために中古部品を使い回されると新品部品の販売量が激減するリスクを見込む必要がある。

日本政府はEUがEU域内で進めているデジタル製品パスポート政策の国際ルール化を促し、日本の部品が再利用されたかどうかがわかる形でリマニュファクチャリング品を出荷する責任をメーカーに課すべきである。そのうえで、「耐久性の価値を得る権利」や「再利用収益を還元される権利」など、完成品メーカーがリマニュファクチャリングによって部品を再利用した場合は、その都度サプライヤーに一定の金額を支払わせる国際ルール形成に取り組むべきである。

16 安全保障貿易管理法体系の再構築を図り、新「安全保障貿易管理法(仮称)」を制定せよ

日本の安全保障貿易管理の依拠法である「外国為替及び外国貿易法」(外為法)は複雑でわかりにくいという指摘が長きにわたってなされてきた。法律―政令―省令―告示からなる重層構造は「増築を重ねて入り組んだ構造の老舗旅館」と揶揄されるほどである。また、輸出規制番号も日本独自の形で国際的デファクトとずれが生じている。

これに対し、欧米先進国における安全保障貿易管理の法体系は、日本とは異なり、独立した法

体系となっている。また、中国をはじめとするアジア新興諸国においても欧米型の法体系やデファクトとなっている輸出規制番号を取り入れる傾向が顕著である。

昨今、経済安全保障の重要性が広く認識され、大企業に限らず中小企業やアカデミアでも機微貨物の違法輸出や機微技術の流出にこれまで以上に厳格な注意を払うことが求められている。その要となる法律が現状のようにわかりにくいままでは、広い範囲での安全保障貿易管理に支障がある。その明確化を図り、現行の外為法から安全保障貿易管理関連部分を独立させて、新しく「安全保障貿易管理法（仮称）」を早急に制定すべきである。

おわりに

月に一回、最近の内外情勢について話を聴き、自由にディスカッションする。メンバーが報告することもあるし、外部から招くこともある。ときには、まるまる2時間を自由討議に充てることもある。そんな会合が開かれるようになって、早くも6年が経った。そのメンバーの考えをまとめたのが、本書である。残念ながら種々の事情でご執筆いただけなかったメンバーの意見も、会合ではつぶさに伺っている。

研究会のメンバーは、執筆者紹介にある通り、各界で安全保障について考えを深めてきた、文字通りのエキスパートである。最初に発案されたのは坂本吉弘氏（元通商産業審議官）であり、そこに荒井寿光氏（元通商産業審議官）が賛同され、各メンバーにお声がけをして、研究会が始まった。当時は「経済安全保障」という言葉はまだなく、「技術安全保障研究会」というのが、会の名前である。

この会合には、何より先見性がある。「米中対立はトランプ政権になったからではない。民主・共和の両党派を超えた、議会の意思である。たとえ民主党政権に代わっても基調は変わらない」と教えていただいたのは、2018年の会合であった。「台湾有事」という言葉を初めて耳にしたのも、この研究会の場であった。「経済安全保障推進法」「秘密特許制度」「セキュリティ・クリアランス制度」等々、これまでに研究会が提言としてまとめた項目で、実を結んだものは多い。

書斎に籠もりがちな学者にとっては、世の中の動きを何年も先に教えてくれる、貴重な場になっている。

にもかかわらず、大先輩のお二人に発足時に口説き落とされ、玉井が座長ということになっている。弱輩で地味な法学者が座長というのは荷が重いというほかないが、要は司会役であり、必ず出席するメンバーであり、提言をまとめるときの調整役である。本書も兼原信克先輩が提案され、錚々たる諸先輩に遠慮なく催促をしていただいたおかげで、こうして「あとがき」を書く段に至った。ありがたいことである。そこで、本書の刊行を機に、6年目にして初めてメンバーの懇親会を開催することにした。間にコロナ禍があったとはいえ、昭和人の集まりとしては、ここまで真面目な研究会も珍しいのではないか。そのことに遅まきながら気がつき、初めて座長らしいことを提案することができて、たいへんにうれしく思っている。

それにしてもこの6年、世の中の動きは早かった。経済の発展によって国境がなくなり、世界がフラットになるという見通しが、ほかならぬ二大経済大国によって覆されてしまった。「米中冷戦の長期化が日本の国益だ」というのを3年前に研究会の提言に入れたときは、世間からは奇矯な言説と受け取られた。国連安保理常任理事国による他の主権国家の一方的な侵略、それもまるで二〇世紀前半のような残虐な殺戮、さらに国際人道法の衆人環視の環境下での公然たる無視など、2年前には誰も予想していなかった。今後も、予想外のことが次々と起こるのだろう。

この変化の行き着く先は、まだわからない。「一身にして二生を経るが如し」とは福澤諭吉先生の言だが、若い人たちは、似た思いを抱くことになるかもしれない。本書が、手に取った読者の方々が激動のなかで良く生きる参考となるよう、念願している。

本書の各章は、執筆者それぞれの見識と意見を反映している。最低限の体裁の統一や分量の調整を編者の責任で行っただけである。しかし、巻末の「16の提案」は研究会メンバー全体に共通のものであり、特定の書き手はいない。われわれは、それらが実現することが国益だと信じている。

本書が成るにあたっては、日経ＢＰの堀口祐介氏に、たいへんお世話になった。編集者の鑑ともいうべき容赦のない督促がなければ、本書の刊行は大きく遅れたであろう。執筆者を代表し、この場をお借りして感謝を述べたい。

東京大学教授（先端研）　玉井克哉

荒井寿光（あらいひさみつ　第 8 章担当）

元防衛庁装備局長、知財評論家
1966 年東京大学法学部卒、同年通産省（現経産省）入省、ハーバード大学大学院修士（行政学・経済学）、94 ～ 96 年防衛庁装備局長、特許庁長官、通商産業審議官、独立行政法人日本貿易保険初代理事長、初代内閣官房知財戦略推進事務局長、東京中小企業投資育成株式会社社長、中曽根平和研究所副理事長

長瀬正人（ながせまさと、第 9 章担当）

株式会社グローバルインサイト代表取締役社長
1951 年大阪府生まれ。75 年米国マサチューセッツ工科大学電機工学部卒業。同年三菱商事入社、90 ～ 95 年米国三菱商事ワシントン事務所。2011 年より現職。（公財）未来工学研究所理事、（一社）日本宇宙安全保障研究所理事、（公社）自衛隊家族会理事

西山淳一（にしやまじゅんいち、第 10 章担当）

未来工学研究所研究参与
1969 年北海道大学工学部卒、71 年北海道大学大学院工学研究科修士課程修了。71 ～ 2011 年三菱重工業、2012 年より現職。（一社）日本戦略研究フォーラム監事。2007 年、米国防衛工業協会より「BMD に関する日本との協力功績賞」受賞

横尾洋一（よこおよういち、第 11 章担当）

一般社団法人経済安全保障マネジメント支援機構研究員
1986 年早稲田大学法学学部卒、同年公安調査庁入庁、2015 ～ 17 年東北公安調査局局長、17 ～ 18 年公安調査庁調査第二部長、18 ～ 20 年公安調査庁総務部長、20 ～ 22 年公安調査庁次長

新美恭生（にいみやすお、第 12 章担当）

元警察庁外事情報部長
1987 年京都大学法学部卒、1987 ～ 2022 年警察庁、1992 ～ 94 年米国ノースウェスタン大学院修了（M.A.（政治学）　L.L.M）、2018 ～ 20 年警察庁外事情報部長、20 ～ 22 年警察大学校長。他　内閣官房（内閣情報調査室、拉致問題対策本部事務局）、外務省（在フランス大）、警視庁、富山県警、秋田県警等で勤務。23 年 7 月より技術安全保障研究会に参画

【執筆者紹介】

國分俊史（こくぶんとしふみ、第2章担当）

東京大学先端科学技術研究センター特任教授

2006年早稲田大学大学院公共経営研究科修了。IT企業経営企画室、シンクタンク、米国系戦略ファームA.T.カーニープリンシパル、米国系会計ファームヴァイスプレジデントパートナー、欧州系グローバルコンサルティングファームリードパートナーを経て21年より現職

坂本吉弘（さかもとよしひろ、第3章担当）

一般財団法人安全保障貿易情報センター顧問

1938年大阪府生まれ。62年東京大学法学部卒業。同年通商産業省に入省。基礎産業局長、機械情報産業局長、通商政策局長を経て、通商産業審議官に就任。96年退官後、98年（一財）エネルギー経済研究所理事長。2003年アラビア石油社長。退任後10年三菱重工業社外取締役、13年（一財）安全保障貿易情報センター理事長、23年より現職

利光　尚（りこうひさし、第3章担当）

一般財団法人安全保障貿易情報センター参与

1951年東京都生まれ。75年慶応義塾大学法学部卒業。同年三菱商事入社。77〜79年ポルトガル語研修生、86〜90年イタリア三菱商事、2002〜11年安全保障貿易管理室長、11年（一財）安全保障貿易情報センター理事、17年同センター参与、20年公益財団法人日伊協会理事

西　正典（にしまさのり、第6章担当）

日本生命保険相互会社特別顧問

1954年東京都生まれ、78年東京大学法学部卒。同年防衛庁入庁、85年オックスフォード大学国際関係論修士。経理装備局長、防衛政策局長を経て防衛事務次官に就任。2015年退官後、防衛大臣政策参与（15〜16年、17〜18年）。2016年より現職。

渡辺秀明（わたなべひであき、第7章担当）

一般財団法人防衛技術協会理事長

1977年慶應義塾大学工学部卒、79年慶應義塾大学大学院工学研究科修士課程修了、87年工学博士（慶應義塾大学）。79年防衛庁技術研究本部入庁、2013年防衛省技術研究本部長、17年防衛装備庁長官、17年退官、18年SBIホールディングス顧問、22年より現職。23年SHIFT株式会社特別顧問

【編著者紹介】

玉井克哉（たまいかつや　第４、５章担当）

東京大学先端科学技術研究センター（先端研）教授
1961年大阪生まれ。1983年東京大学法学部卒業、同年東京大学法学部助手（行政法）、86年学習院大学法学部講師（行政法）、88年同助教授、90年東京大学法学部助教授、95年先端研助教授（知的財産法）、97年教授に昇任し、現在に至る。2022年より専攻分野を「ルール形成戦略」と改めた。1989～92年、マックス・プランク知的財産法研究所（ミュンヘン）客員研究員。1999～2000年、ジョージ・ワシントン大学および連邦巡回区合衆国控訴裁判所（ワシントンＤＣ）客員研究員。16年より信州大学経法学部教授を兼任

兼原信克（かねはらのぶかつ　第１章担当）

同志社大学特別客員教授。笹川平和財団常務理事
1959年山口県生まれ。東大法学部卒業後、外務省入省。条約局国際法課長、北米局日米安全保障条約課長、総合外交政策局総務課長、欧州局参事官、国際法局長などを歴任。国外では欧州連合、国際連合、米国、韓国の大使館や政府代表部に勤務。2012年発足の第二次安倍政権で、内閣官房副長官補（外政担当）、国家安全保障局次長を務める。19年退官。15年仏政府よりレジオンドヌール勲章を受勲

経済安全保障の深層

2023年12月22日　1版1刷

編著者　玉井克哉・兼原信克

発行者　國分正哉

発　行　株式会社日経BP
日本経済新聞出版

発　売　株式会社日経BPマーケティング
〒105-8308　東京都港区虎ノ門4-3-12

装　丁　竹内雄二

DTP　CAPS

印刷・製本　シナノ印刷

Printed in Japan　ISBN978-4-296-11892-2